KOWALSKI
EDITORE

Pali e Dispari

KUMPALIBRE

Capsula e Nucleo:
due neuroni a piede libero

Prima edizione marzo 2003
Sesta edizione luglio 2003

Questo libro è stato realizzato
in collaborazione con

SPECTRE

www.spectre.it

Questo libro lo dedikiamo a noi stessi ricordandovi
che i Pali e Dispari stanno per uscire
con il loro primo libro...
Ah, ma è questo! Allora compratelo...
Ah, l'avete già fatto!
Ma come stiamo?... Bella lì eh!!

CAPSULA

Capsula, dal latino *căpsula*, da *căpsa*, cioè cassa. Tutto questo sbattimento per un nome! Lo dicono i latini! Chi è ancora convinto che la marijuana sia una scoperta recente alzi la mano!

Allora chi è Capsula?

Di lui si sa che ha avuto un nome e un cognome sino all'età di tre mesi quando, dopo aver comperato un monopattino con i soldi che aveva guadagnato lavorando come gigolò all'asilo nido, si presenta all'anagrafe e costringe lo sportellista, a colpi di cordone ombelicale, a registrarlo con lo pseudonimo attuale.

Nasce nel 900, ma la data precisa è sconosciuta anche se, in ogni caso, si può affermare con certezza che tale individuo è avanti rispetto a tutta l'umanità almeno tre semafori verdi e uno lampeggiante: lo testimonia il fatto che quando i suoi nonni combattevano la Prima guerra mondiale, lui era già a colloquio con Saddam Hussein per tentare di spiegargli che il Risiko è solo un gioco!!

Proviene da una famiglia umile e modesta con una

mamma che lima i molari da usare poi come tagliacarte, un padre che assaggia dentifrici e una sorella che posa su riviste hard per non vedenti.

Intervistato da Radio Cipresso – un'emittente della sua zona dove lavora come dj il suo grande amico Tony Cuscino – a proposito del rapporto con il suo nucleo familiare, ha rilasciato la seguente dichiarazione: "Con i miei ci sto dentro una cifra arrotondata per eccesso. Pensate che, se io preparo una canna, mio padre mi fa i filtrini e se ho un puntello con una tipa che dovrò castigare a livelli paura (qui non serve tradurre, almeno spero!), mia madre mi lava i denti con il brillantante che si usa per la lavastoviglie. Con mia sorella invece non c'è complicità e si comunica poco, forse per via del fatto che lei si esprime pronunciando solo le iniziali delle parole, cosa che, per usare un eufemismo (che poi è uno della mia kumpa, figlio di Ossimoro, fratello di Metafora), mi tritura le palle. Non riuscendo mai a capire cosa voglia dirmi, che lei mi dica 'TVB' (ti voglio bene) oppure 'MPISPF' (mi passi il sale per favore?), mi sono studiato una risposta standard e cioè 'TTLFCTSTIR' (ti tieni la faccia che ti sposto tutto il resto?)".

Tutti sanno poi che Capsula è un tifosissimo del Milan, nonché un grande conoscitore del calcio italiano, tanto è vero che, ultimamente, sta facendo pressioni sul suo amico Galliani perché quest'ultimo si decida ad acquistare Valentino Rossi!

Ha grande interesse per la letteratura solo perché ha scoperto che parlare di libri lo aiuta a conquistare le ragazze. Al momento ha appena finito di leggere la biografia di Roberto Baggio, un testo che lo ha colpito soprattutto perché come segnalibro aveva il codino del fuoriclasse. Speriamo che non gli capiti di leggere la biografia di Rocco Siffredi: in quel caso forse il libro non si chiuderebbe neanche!... Chissà come mai!!

Poeta per necessità, ama definirsi uno scapigliato surrealista con risvolti dadaisti e leggere sfumature fancazziste. Ancora oggi si vanta con la kumpa per la frase con cui conquista tutte le sue donne e cioè: "Pezzo di pasticcino, ti va se ce ne andiamo da me e ci spacchiamo a legnate?". Non a caso attualmente è fidanzato con una lottatrice di sumo di novantotto chili!

La sua unica pecca è la cucina!

È passato alla storia lo scambio di opinioni avuto con Nucleo a tale proposito:

"Pezzo di gaggio, ma tu non sai cucinare?"

"Figlio della foschia, ci sono i ristoranti."

"E se sono chiusi?"

"Vado in pizzeria."

"E se è finita la mozzarella?"

"Vado da mia mamma."

"E se la mamma è a portare fuori il cane?"

"...Ma farti i cazzi tuoi?!"

Se doveste avere bisogno di lui potete rivolgervi a Tony Cuscino: se volete invece notizie su quest'ultimo chiedetelo pure a Capsula. Se nessuno dei due si fa trovare chiamate Maria De Filippi a *C'è posta per te*!

NUCLEO

Irriverente, irrispettoso, sempre imbronciato come se qualcuno gli picchiasse costantemente sulle caviglie con un carrello delle spesa.

Questo è il kumpa Nucleo, ala sinistra della Nazionale "Travaglia", fiero del suo sinistro, scende in fascia come un emigrato meridionale che non vede l'ora di tornare a casa. Lui durante le numerose partite a calcetto (dette anche "canele"), insiste con un tormentone: "Se sono mancino, so brasiliano!".

Frequenta l'università dall'età di quindici anni, convinto che la facoltà di non rispondere sia una laurea breve, lo si incontra spesso ai numerosi festini dove, insieme all'inseparabile scudiero Capsula (che lui usa chiamare l'"Acrobata del nulla", per via delle crisi convulsive che lo contraddistinguono), vanno alla ricerca delle tipe più disperate dell'ateneo.

Convinto salutista, passa la maggior parte del suo tempo tra i parchi milanesi, dove non perde mai occasione per studiare la flora del posto analizzandola in precise provette di carta arrotolate (non provate a chiamarle canne!).

Fisicamente, Nucleo presenta le caratteristiche tipiche di un fumetto giapponese (lui dice di essere il figlio di Okuto... boh?!?). Ma l'elemento che salta agli occhi, oltre al suo cane Rantolo che ha questa cattiva abitudine di puntare alle orbite, è la sua ormai famosa risata travolgente, nel senso che quando lo senti ridere, vorresti travolgerlo con la macchina!

Adora pescare, ma non l'hai mai fatto, bensì si interessa molto alla pittura; "Bombola su tela" è l'espressione più alta delle sue opere e vanta il primato di aver pittato le gambe alla Gioconda... Stai male!!!!

Sappiamo, inoltre, che impazzisce letteralmente per la PlayStation (qualcuno lo ha visto limonare con Lara Croft!) e ama le ragazze con le gambe magre, le tette grosse e la vita da ape... praticamente delle mazze da golf!

Non essendo in possesso di altri dati riguardanti Nucleo, lo abbiamo chiesto a lui: "Ma chi è Nucleo veramente?".

"Sono io... non ci credi... Ikkia, chiedi a chi vuoi... Cosa fai? Te ne vai? Bella zio!!!"

Come avete visto, non è facile carpire notizie al giovane, tutto quello che manca, però, lo scopriremo strada facendo, nel frattempo ringraziamo la polizia per averci fornito questi dati.

La gente

1.

...dlin dlon... Si avvisano i signori passeggeri che...
"No, no, scusa un attimo tu che stai leggendo, ma il libro l'hai pagato o l'hai fregato? Chi sono?... Perché ti faccio questa domanda?"

Allora stammi a sentire, mi chiamo Ettore Caperdoni e sono il controllore della linea metropolitana Bisceglie-Sesto San Giovanni ormai da venticinque anni.

I primi vent'anni di lavoro sono trascorsi lisci come l'olio extravergine che mi porta mio cognato Sabino dal paese. Gli ultimi cinque, vischiosi come l'olio che perde la mia Fiat Ritmo. Perché? No, non perché, ma PER CHI! Per colpa di Capsula e Nucleo.

Si avvisano i signori passeggeri che il treno in direzione Manganellate sulla Natica viaggia con tre minuti di ritardo. Ci scusiamo per il disagio!

C. "Ma 'sti figli del tempo perso!"

N. "Ikkia, Capsula!"

C. "Nucleo, ma ci sei tu dietro quel naso?"

N. "C'è sempre qualcuno dietro un naso!"

C. "Sì, ma a te ti si intravvede appena!"

N. “Pezzo di gaggio, sono venti minuti che ti aspetto.”

C. “Esagera!”

N. “Allora il muschio sul lato destro della faccia come lo spieghi? Tu e la tua fissa dei mezzi pubblici, abbiamo la mia macchina, prendiamola.”

C. “Sì, così ogni venti minuti ti fermi a farti una canna!”

N. “Cosa vuoi che ti faccia un po’ di fumo passivo?”

C. “A me niente, è a te che ti ha stonato: hai fatto settanta chilometri in prima, poi è uscito il pistone e ti ha detto: ‘O cambi marcia o la canna la passi!’.”

N. “Ma vedi che sei un abbaione! Piuttosto fratello, come butta?”

C. “Ci sto dentro una gazza ladra con la fedina penale pulita, e a te come butta?”

N. “Io ci sto dentro un album di figurine Panini nonostante il divertimento giovanile verta verso orizzonti più avanzati tipo PlayStation.”

C. “Nucleo, se un giorno dovessi trovarmi in fin di vita e dovessi chiederti aiuto, lasciami respirare!”

N. “Non mancherò fratello!”

Eccoli qua! Il mio tormento, la mia dannazione più grande, gli unici due che usano lo stesso biglietto da quasi due anni e che, quando li colgo in flagrante, si giustificano dicendomi: “Dai, zio Ettore, non te la menare! Anzi, se hai dei biglietti usati ce li dai che ci servono per fare i filtrini?”.

Non mi rendono la vita affatto facile, ma devo ammettere che ormai i miei occhi sono abituati a incrociare ogni mattina questi due elementi dalle facce vispe, vestiti in modo confusamente simpatico: ultimamente, essendo diventati amici, mi sono anche permesso di chieder loro se seguono una tendenza per l'abbigliamento.

N. "Ikkia, zio, ti devi troppo ripigliare. Noi ci vestiamo in modo decisamente crasto e stiloso, diglielo Capsula."

C. "Vero. Noi nell'abbigliamento siamo avanti tre semafori verdi più uno lampeggiante; praticamente, quando tu stai per partire, noi abbiamo già parcheggiato la macchina. I miei pantaloni, per esempio, sono un modello protopower, feel the power, make a flower... Non ho ben capito di che marca sono, ma mi sono costati una cifra arrotondata a dismisura per eccesso."

Il loro linguaggio all'inizio mi ha creato non pochi problemi perché è veramente difficile da capire, ma la volontà di venirsi incontro non è mancata da entrambe le parti, tanto è vero che al mio compleanno mi hanno regalato il loro dizionario "ITALIANO-CI STAI DENTRO / CI STAI DENTRO-ITALIANO", dove sono tradotte nella nostra lingua tutte le loro espressioni e i modi di dire della loro compagnia... scusate... "kumpa" (almeno così ho appena letto a pagina 9 del loro dizionario). Devo ammettere che si esprimono in modo veramente originale, anche se spesso non si limitano a farlo solo sulla carta e mi riempiono i vagoni e le banchine con i loro slogan. Quello che ultimamente va per la maggiore è: "Aggiungi un posto a tavola che c'è un kumpare in più".

A me personalmente non danno affatto noia, anche perché colorano un ambiente veramente grigio e poi noto che loro credono profondamente in quello che scrivono.

C. "Ikkia, Nucleo, secondo me Keith Haring sarebbe orgoglioso di noi!"

N. "In che squadra gioca?"

C. "Ma sei troppo un parente stretto dell'ignoranza, Haring è uno degli esponenti della Pop Art. Questo tipo scendeva in metropolitana e con i gessetti si metteva a pittare degli omini di forme e colori diversi e il tutto aveva un significato preciso. Capito, figlio dell'ignoranza più profonda?"

N. "Pezzo di palta, guarda che ho capito: io di arte me ne intendo di brutto!"

C. "Veramente?"

N. "Eh, ssssì! Settimana scorsa, per esempio, sono andato a Roma a visitare la Capocchia Sistina che mi è piaciuta una cifra, anche se non ho capito quante bombolette di vernice ci sono volute per pittarla!"

C. "Nucleo, in quanto a cultura riesce a batterti anche Flavia Vento!"

Ormai sono di casa alla mia fermata della metropolitana e hanno fatto amicizia con tutti i negozianti. I loro genitori, quando non li vedono arrivare, non si preoccupano perché sanno dove trovarli; pensate che ci siamo addirittura scambiati i numeri di telefono e quando vogliono sapere qualcosa sui loro figli chiamano direttamente me. Noi della metro, poi, abbiamo anche fatto degli annunci apposta per Capsula e Nucleo, così quando le loro mamme li cercano possiamo avvisarli.

...dlin dlon... Si avvisano i signori Capsula e Nucleo

che devono tornare a casa per cena: le loro mamme li esortano vivamente a presentarsi per la cena con mani lavate e compiti fatti.

C. "Stai male! Che sbatta mia madre, mi pressa come il Chievo di Del Neri!"

N. "Lo dici a me Nucleo, la mia è Del Neri!"

C. "No fratello, non sto scherzando, mia madre mi sta facendo troppo strippare, pensa che..."

... dlin dlon... Si ricorda ai due giovanotti prima interpellati che è severamente vietato parlare male dei non presenti.

C. "Nucleo!"

N. "Eh!"

C. "Me lo finisci tu l'orlo ai testicoli!"

N. "Quanto tempo ho?"

C. "Poco, devo andare a casa."

N. "Allora ti prendo solo il segno e domani te lo ribatto con la macchina da cucire!"

2.

C. "Però anche te, zio Ettore, ti metti a chiacchierartela dei fatti nostri! Ti vogliamo una cifra di bene ma non si fa, figlio del chiacchiericcio!!!! Siccome però io sono troppo un regolare me la canto lo stesso e vi voglio presentare quel gran pezzo di pasticcino di mia madre: 'Dove vai? Copriti! Non tornare tardi! Ma come vai in giro! Guarda che se torni a casa con un altro orecchino ti taglio l'orecchio!'. Ecco la mia mammina, la mitika Antonia, femmina proveniente dalla terra molisana (S. Angelo Limosano per l'esattezza): alta 1.63, bella, piccina, ma con due badili al posto delle mani, tra l'altro ben conosciute dalle mie guance che ancora oggi al pensiero degli schiaffoni presi girano i tacchi e se ne vanno. Mio padre, l'ottimo Michele – di cui vi parlerò più avanti –, mi racconta che, alla mia nascita, mia madre prese a schiaffi l'ostetrica che dopo avermi tagliato il cordone ombelicale (lungo sei metri e mezzo, e non solo quello!!!) mi voleva avvolgere in una coperta azzurra con le righe nere!! Aiutata dalle Brigate Rossonere e da Gianni Rivera mi portarono via dall'ospedale e andammo tutti insieme in curva a San Siro, dove venni avvolto nello striscione con il nome del Capitano, il grande Franco Baresi. Ma quanto ci sta dentro l'Antonia!?!"

N. "Capsula, a te è andata bene! Pensa che a me la mamma Carmela, appena nato, per farmi abituare alle fatiche della vita mi ha fatto fare il trasloco dalla vecchia casa a quella nuova!"

C. "Mi sono consultato con Nucleo e sono arrivato a pensare (e già questo è un bel passo avanti!) che la prima cosa che mi salta in mente pensando alla mamma è l'aspirapolvere, il suo attrezzo preferito. La mia ne ha uno 1.9 jtd con il quale, tutte le domeniche, mi risveglia dal coma postserata e la cosa che mi fa strippare come un'anatra all'arancia che non mangia agrumi è che tu non potrai mai opporti a questa violenza subita perché la sua risposta sarà sempre la stessa: 'Questa casa non è un albergo, ti si vede solo a pranzo e cena... io vorrei, non vorrei, ma se vuoi... fiori rosa, fiori di pesco... tu chiamale, se vuoi, emozioni!'. E poi dite che solo noi giovani ci facciamo le canne!"

N. "Pezzo di gaggio, guarda che a te va di lusso! A me, con mia madre, non mi passa veramente un cazzo!"

C. "Esagerato!"

N. "Capsula, non scherzare, la mia ogni mattina..."

C. "...Ouh ouh... e ogni sera... ouh ouh!..."

N. "Ma cos'hai tra le orecchie, bollito, la galleria del vento!?!"

C. "No, è che Alfonso, il mio unico neurone, oggi è

irrequieto e mi sbatte da una parte all'altra del cervello tipo flipper!"

N. "Ecco, allora scuotiti un attimo così te ne vai in tilt e non mi asciughi più l'epidermide, ustione! Ti stavo raccontando!"

C. "Ti chiedo schiuma."

N. "Mia madre, ogni mattina alle 6.30 entra nella mia stanza decisa come Gentile su Zico ai Mondiali dell'82, apre le finestre, accende l'aspirapolvere e poi mi chiede se mi dà fastidio. Manca la musica e le luci strobo e poi siamo pronti per un rave party!"

C. "A tutti i kumpa che avranno avuto il coraggio di comperare il nostro libro vogliamo dire che questa è la mamma. Colei che ti ama nel modo più strano del mondo e cioè ti ASCIUGA (per farvi capire basta pensare a un phon acceso sempre piantato nelle tempie). La spiegazione degli zii è sempre la stessa e cioè che lei lo fa per il tuo bene, ma per un figlio è difficile distinguere il sentimento di amore per la fata che l'ha cresciuto da quello di antipatia verso il Kaiser che l'ha educato, soprattutto quando vi costringe a mettervi a luglio il cappello di lana per non ammalarvi: '*Mamma, ma così sudo*', 'Meglio, così sfebbri', 'Ma non ho la febbre' 'E se poi ti viene?'. Se però una mattina ti svegli e non la vedi avvolta nel profumo di caffè, pronta a darti IL SOLITO BACIO sai già che a quella giornata mancherà di certo qualcosa! Ikkia, se siamo i figli del romanticismo!… Rodolfo Valentino… Ma lavati! Ti amo, mamma!"

3.

Ma quanto piove oggi, ragazzi! E quanta gente c'è in metropolitana?

Tutti che scendono le scale bagnati e innervositi dall'acqua che non dà tregua. Alcuni si limitano a chiudere gli ombrelli rassegnati, mentre altri imprecano perché le scarpe si sono inzuppate d'acqua o perché i pantaloni chiari appena messi sono già da lavare, oppure semplicemente perché il cielo grigio, appena svegli, fa girare le palle senza un motivo preciso.

Oggi, il mio "tormento dai due volti" si è presentato giù in metropolitana in tarda mattinata e la cosa mi ha incuriosito perché solitamente a quell'ora i ragazzi sono ancora in classe.

E. "Ragazzi, ma voi a quest'ora non dovreste essere a scuola?"

C. "Bella lo zio Ettore, come butta oggi, figlio della vigilanza?"

E. "Sto bene grazie, ma voi non cambiate discorso, vi ho fatto una domanda precisa e gradirei una risposta!"

N. "Ma come fai-BRIZIO! Oggi c'è manifestazione perché contro... cccio... è nnnon... penso... ccch... Ikkia!"

C. "Nucleo, quando non ce la fai, gira la ruota e compra una vocale! Comunque, zio, non te la menare! Oggi si scende troppo in piazza perché in una società dove la palla non è rotonda, ma gli stipiti se la viaggiano sciallati come gli scialli fatti a mano dalla nonna miope, il pareggio è da sempre, secondo me, il risultato più giusto!"

N. "Capsula, tu butta pure le parole alla cazzo che poi ci penso io a riordinarle!"

C. "Grazie, Nucleo, sei un pezzo di Zanichelli!"

E. "Ragazzi, scusatemi, ma io penso che voi mi stiate raccontando una palla!"

N. "C'hai sgamato! Però che sbirro che sei! Oggi niente scuola perché c'era l'interrogazione di storia e quella bollita della professoressa ci ha dato da studiare duecento pagine di programma."

C. "Dall'era glaciale a oggi! Ma sei fuori!?!"

N. "E poi ieri non abbiamo potuto studiare perché c'era la festa di Tony Cuscino, un evento mondano che non ci credi mai, diglielo Capsula!"

C. "Nemico della sintassi, se l'hai già detto tu perché devo ripeterlo io? Cosa sono, un pappagallo? Vedi il becco? Vedi del mangime in giro? Se vuoi però ti cago sulla spalla come faceva il Colombo sull'impermeabile dell'ispettore!"

N. "Mamma, fratello STAI MARIO, non ti agitare!"

E. "Ragazzi, mio figlio mi ha parlato di questa festa. È per caso quella che si fa alla discoteca Il granchio sminchiato?"

N. "Zio Ettore, sei più indietro di un dinosauro anziano con notevoli problemi di memoria, il locale non si chiama più così!"

E. "E come si chiama?"

N. "La minchia sgranchita!"

E. "Comunque, volevo venirci anch'io e portarci mio figlio Sandro."

C. "Tuo figlio! So chi è, viene nella nostra stessa scuola. Lì lo conoscono tutti come Ottone!"

E. "In onore di Ottone I..."

C. "No, perché ha la testa grossa come un pomello di ottone, sai quelli che ci sono sulle testate dei letti antichi?!"

Avete capito con che razza di persone mi tocca parlare? E non sono gli unici! Niente affatto! Hanno un gruppo, una kumpa e alcuni di loro li conosco anche.

Ci sono: Tony Cuscino, Pallina, Piombo, il Geko, Tronco e il Cine. Tutti insieme sono anche divertenti da vedere: passano il tempo sugli scalini della metropolitana con lo stereo alto che manda continuamente la musica degli americani, quelli che si mettono i pantaloni di tre misure più grandi e le magliette che arrivano al ginocchio come quel cantante famoso... l'Eminer... l'Emintend... va be'! Quello che canta con il fiatone ed è sempre incazzato con la mamma!

Ma come si fa! Che razza di musica si ascolta oggi? Ma soprattutto: che cosa sono diventate le discoteche?

Un covo per delle persone molto prossime alla sordità? Un luogo dove si ritrovano tutti coloro che hanno evidenti difficoltà nell'abbinamento dei vestiti?

Sono veramente invecchiato!

Ci sono stato anche io ultimamente in discoteca, una domenica pomeriggio in cui ho accompagnato mio figlio perché volevo vedere che giro di amicizie avesse e lì ho incontrato anche Capsula e Nucleo... Non vogliono proprio darmi tregua! Ma cosa fanno, mi pedinano? Allora ditelo e mi organizzo; faccio come i divi dello spettacolo che escono solo la notte quando la città è deserta. Che palle!

Che poi cosa significa "discoteca"? Forse si chiama così perché è scoppiata la mania del "teca"? C'è infatti la ludoteca, la tecoteca, la paninoteca, l'enoteca. Oppure... oppure niente! Diamo alle cose il nome che si meritano! Se si va in un posto per ballare, questo si chiamerà sala da ballo, punto e basta!

Ai miei tempi si andava a ballare con un altro spirito, c'era la musica dal vivo, il volume era accettabile, tanto che si riusciva a comunicare e a conoscere qualche fanciulla.

Io ho conosciuto infatti mia moglie Piera proprio così, alla sala da ballo Apollo di viale Procaccini: che serata memorabile!

E pensare che sarei dovuto andare alla Genzianella, in via Paolo Sarpi! Invece, alla fine, il mio amico Armanno mi aveva convinto ad andare lì perché si doveva incontrare con Dina, la sua fidanzata storica.

Mi ricordo persino com'ero vestito: avevo un completo classico marrone con camicia bordeaux a collo alto e stivaletti in tinta con i pantaloni. Un'altra categoria! Assomigliavo a Tony Manero nella *Febbre del sabato sera* anche se, nel ballare, la mia più che febbre era allergia al movimento sincronizzato, cosa che mi costringeva a stare tutta la sera seduto sui divanetti a sorseggiare della tostissima aranciata... pure astemio... e che sfiga!

Piera, la luce dei miei occhi, il riposo della mia anima... il sussurro del mio cuore... il brontolio del mio stomaco... la mia rosa rossa in quella monotonia di colore... la stella lucente nello spazio più... più... ma quella sigaretta che mi hanno dato Capsula e Nucleo è un po' troppo forte per i miei gusti, mi sento stanco e con i riflessi un po' rallentati... boh! Comunque, la mia futura moglie era una ballerina incallita: appena entrava si buttava in pista e la portavano via a fatica quando il locale doveva chiudere. Quella sera era bellissima! Aveva pantaloni a zampa neri e una camicetta rossa, con i capelli raccolti con lo chignon e quando si muoveva a ritmo di musica lasciava tutti a bocca aperta. Con lei pensavo di non avere speranze, invece, una sera, per puro caso, mi ritrovai ad accompagnare a casa una mia amica che era anche la migliore amica di Piera. Abbiamo iniziato subito a ridere e a divertirci come matti e da quel giorno non abbiamo ancora smesso. Quanto la amo! Dal nostro matrimonio è nato Sandro, un bravo ragazzo, un po' timido e riservato. Ecco perché mi sono offerto di accompagnarlo a quella festa cui accennavo prima!!!

4.

Su le mani!! Vi voglio vedere ballare ragazzi! Scatenatevi, dimenatevi, abbandonatevi nella musica del dj Pupilla, qui per voi alla Minchia sgranchita!

C. "Nucleo."

N. "Oh!"

C. "Più che nella musica del dj io mi abbandonerei nelle tette di Gina la Fionda, ha delle minne veramente paura. Cos'avrà come taglia di reggiseno?"

N. "Secondo me la sesta."

C. "Per me ha dei tiranti in alluminio infilati nel costato per sorreggere il caseificio!"

N. "Pensala la mattina quando si piega per allacciarsi le scarpe! O se le lega dietro al collo tipo sciarpa, oppure ci fa un bel doppio nodo!"

C. "Ikkia, Nucleo, sei romantico come il *Tempo delle mele*... cotogne però..."

N. "Lo sai, pezzo di palta, io sono un diretto!"

C. "Più che un diretto mi sembri un montante in piena faccia! La cosa più carina che dici a una tipa quando ci esci è: 'Pezzo di pasticcino, ti va se ce ne andiamo da me e ci sminchiamo a legnate?'."

N. “Questo è il linguaggio della strada.”

C. “Già che ci sei falle fare la gara di rutti.”

N. “Ma sei proprio un abbaione! Intanto io mi faccio le tipe di livello power, mentre te esci con i catenacci!”

C. “Ignoranza con barba e baffi distribuiti a caso, guarda che settimana scorsa al pigiama party a casa di Favelas mi sono messo con una tipa che ti arriccia i peli del petto e te li mette in fila indiana.”

N. “E chi è?”

C. “Pietanza!”

N. “Ikkia, fratello, che numero che ti sei giocato! Tony Cuscino mi ha detto che la tipa fa le storie malate con il cibo!”

C. “Quel figlio del silenzio stampa di Tony Cuscino se la canta una cifra! Comunque è vero, Pietanza è una maniaca del cibo: pensa che ogni volta che facciamo l'amore le bendo gli occhi e le verso in bocca un vasetto di Nutella.”

N. “E lei?”

C. “Ancora, ancora. Allora le metto in bocca un ovetto Kinder, un Ferrero Rocher e un Mon Chéri.”

N. “E lei?”

C. “Ancora, ancora... Allora le metto in bocca un etto di cotto, un etto di crudo, un etto di zola, un etto di taleggio, un etto di bresaola, un etto di funghi porcini, un etto di mortadella, un etto di...”

N. “Oh, e lei?”

C. “Ancora, ancora!... Bella, sei venuta a trombare o a fare la spesa?!?”

N. “C’hai ragione, Capsula. Ma scusa un attimo, ora che penso...”

C. “Ikkia, fai progressi.”

N. “Cioè?”

C. “Adesso riesci anche a pensare!”

N. “Adesso ti do uno schiaffo e ti apro come uno Startak! Dicevo, ma tu non eri mica insieme a quella tipa...”

C. “Eczema!”

N. “Sì.”

C. “Ci siamo lasciati...”

N. “Perché?”

C. “Non ci trovavamo a pelle!”

N. “Non ti fermi un attimo con le tipe!”

C. “Ikkia, Nucleo, emano fascino a badilate medio-forti!”

N. “Te le darei in faccia le badilate; tu fai soffrire le tipe.”

C. “Ma cosa dici, testuggine?!?”

N. “Allora cosa mi dici di Pomata?”

C. “Lei l’ho lasciata perché era troppo appiccicosa. Dai, la tipa mi voleva baciare...”

N. “Allora?”

C. “Eh, ma mentre mi baciava, mi voleva anche abbracciare... ti do uno schiaffo, mi stropicci la maglietta, fai la pettinata.”

N. “Capisco il tuo strippo fratello. Anche per me con le tipe è un momentaccio.”

C. “Cosa ti è successo?

N. “Gina la Fionda mi ha rifilato l’ennesimo sei di picche!”

C. "Sopracciglio tagliato male, al massimo è il due di picche."

N. "Ho capito, ma lei è la terza volta che mi rimbalza, e a casa mia due per tre fa sei."

C. "Hai mai pensato di chiudere lo sfiato che hai in testa per evitare agli ultimi neuroni che hai di andare a puttane?!? E poi è naturale che lei ti rimbalzi, tu con le donne proprio non ci sai fare..."

N. "Ma cosa ne sai, pezzo di gaggio? Proprio ieri sera alle giostre ho conosciuto una tipa power in the world: guarda non te lo devo dire..."

C. "Allora non dirmelo..."

N. "Non te lo sto dicendo..."

C. "Allora non me lo dici..."

N. "Quasi quasi te lo dico..."

C. "Conosci un gommista?"

N. "Perché?"

C. "Mi hai sgonfiato le palle!"

N. "Ti dicevo, ero alle giostre sugli autoscontri, tranzollo come un milite esente in libera uscita, che mi facevo i miei testacoda, i miei freni a mano..."

C. "I tuoi freni a disco..."

N. "EH?!?"

C. "Me ne vado a fare in culo da solo!"

N. "Se non ti scoccia... Quando vedo la mia futura tipa, uno splendore paura: capelli viola, occhi azzurri, pantaloni gialli..."

C. "E tette fucsia. Praticamente un catarifrangente!"

N. "Spiritosaggine che si spreca qui, vero? Comunque ci siamo notati, ci siamo guardati, ci siamo capiti..."

C. “E questo è già un bel passo avanti.”

N. “La prendo e inizio con il pasturo...”

C. “Pasturo?”

N. “Me la stavo facendo! Ma, ustione, hai il cervello in pausa? Quando ti decidi a schiacciare PLAY?”

C. “E tu quando ti decidi a imparare l'italiano?”

N. “Prima o poi ti evidenzio la faccia a manate medio-forti. Allora, riprendendo il discorso, il momento era topico, per cui la prendo, la cingo e le metto una mano nella nuca.”

C. “Nella nuca!”

N. “Sì, sotto la nuca.”

C. “...Sotto la nuca!?!”

N. “...Sotto la nuca?”

C. “La capra bruca!”

N. “Che novità, questo lo diceva sempre anche mio nonno!”

C. “E tuo nonno brucava di brutto!”

N. “Insomma, alla fine ci siamo fidanzati, lei si chiama Tarzan.”

C. “Che nome femminile!”

N. “Non scherzare, sono presissimo! Infatti, la conosco da un giorno e ci ho già fatto l'amore.”

C. “Con chi?”

N. “Con Tarzan!”

C. “E com'è stato?”

N. “Con lei uno spettacolo, ma è la scimmietta sulla spalla che mi ha dato un po' di fastidio... E poi, fratello, c'ho da buttarti lì una news che te lo spiego io!”

C. “Spara, gumpare!”

N. "Io e Tarzan stanotte abbiamo fatto l'amore: cinque ore di fila!!!"

C. "Ti credo, ciste, anch'io ho fatto cinque ore di fila per fare l'amore con la tua tipa!"

N. "Capsula, non parlare male della mia tipa che..."

...dlin dlon... Ragazzi qui è il vostro dj Pupilla che vi parla. C'è uno scooter parcheggiato davanti all'ingresso: il proprietario è pregato di spostarlo velocemente, grazie! Vai con la musica, su le mani!!!

N. "Nooo! È il mio!"

C. "Nucleo, ma sei venuto qui con lo scooter?"

N. "Eh, ssssì."

C. "E dove l'hai lasciato?"

N. "Qua fuori."

C. "Ma sei un pezzo di conchiglia schiusa, metti che passa un ladro e te lo ruba, te lo fa?"

N. "Ma cosa mi ruba, c'ho messo una catenazza paura."

C. "Sei rimasto alla catena? Sei veramente indietro, sei così indietro che appena ti intravedo bello! Pensa! Devi fare come faccio io."

N. "E come fai?"

C. "Prendo il motorino e lo saldo alla cancellata!"

N. "Geniale! Ma quando vai via?"

C. "Semplice: con il flessibile mi porto via motorino e cancellata. Ma non posso spiegarti tutto!"

N. "Va be', vado a spostarlo prima che quei pinguini dei vigili mi mettano la multa."

C. "Nucleo!"

N. "Oh?!?"

C. "Se becchi i pinguini, fatti regalare un fischietto così ce lo carichiamo e ce lo fumiamo!"

N. "Capsula, mi prometti una cosa?"

C. "Cosa?"

N. "Se un giorno dovessi trovarmi in gravissime difficoltà e dovessi chiederti aiuto..."

C. "Eh?"

N. "Fatti i cazzi tuoi!"

C. "Non mancherò, fratello!"

5.

Il tempo, nella mia stazione metropolitana, scorre scandito da alcuni rituali giornalieri che mi consentono di sapere con precisione a che punto della giornata siamo. Io faccio il turno diurno, e cioè quello che va dalle 7 alle 12 e dalle 14 alle 19, e questo mi permette di tornare a casa per cenare con la mia famiglia mentre, per il pranzo, preferisco farmi una passeggiata all'aria aperta. E certo, provate voi a stare dieci ore tutti i giorni, sotto terra, senza mai vedere il cielo, in una cabina di vetro a fissare delle telecamere per controllare che tutto sia in ordine e che tutti timbrino il biglietto.

Che buffi che siete quando tentate di ingannarci, cercando di timbrare un biglietto già usato! Ormai ho imparato a riconoscervi e so a memoria il repertorio di scuse che utilizzate. Devo dire che siete originali e fantasiosi: avete qualcuno che vi aiuta a scriverle delle boiate simili o sono tutte frutto delle vostre menti malate?

"Scusi, ha ragione, ma sto utilizzando il biglietto già timbrato perché quel gran maleducato dell'edicolante non aveva da cambiare cinquecento euro!": mi sembra giusto! Sai che dovrai spendere un euro per il biglietto e ti presenti con un milione. Già che ci sei chiedigli se accetta assegni o Bancomat!

"Le giuro che non lo sapevo che il biglietto fosse già timbrato e, comunque, non ho idea di chi sia stato, ma io no di certo...": qua mi scadi clamorosamente nel banale, senza cercare almeno di essere un po' più originale! Pigrone!

Che poi, voglio dire, cosa vi costa spendere un euro per un biglietto? Non voglio farvi i conti in tasca, ma sciupate soldi in cazzate e poi vi perdete per così poco!... Devo farmi i cazzi miei? Può essere! Resta il fatto che poi mi tocca farvi la multa davanti a tutti quelli che passano e che sorridono divertiti per la notevole figura di merda che state facendo; pensa se passa il vostro vicino di casa oppure il capoufficio? Ci si mette una vita a crearsi una buona reputazione, e in un attimo tutto nel cestino!

E la colpa sarebbe di noi controllori!?! Non credo proprio!

Cercate almeno di venirci incontro! L'altro giorno Capsula si è veramente superato: ha tentato di timbrare la tessera Bancomat e pretendeva che non gli facessi la multa!

E. "Capsula, cosa stai facendo?"

C. "Zio Ettore, me la sto timbrando, solo che 'sti bolliti della metropolitana vogliono un codice segreto per farmi entrare. Dove siamo, all'FBI?"

E. "Ma non vedi che stai timbrando la tessera Bancomat?"

C. "Ikkia, ecco perché quando sono andato a prelevare..."

Andate sempre di corsa! La mattina perché se no rischiate di arrivare tardi in ufficio, a pranzo perché vi dovete incontrare con qualcuno e avete poco tempo, il pomeriggio perché volete evitare l'orario di punta in cui tutti usciranno dal lavoro e la sera perché rischiate di non fare in tempo a vedere il primo spettacolo al cinema! E se qualcuno, per sbaglio, capita sulla vostra strada rischia di venire urtato e magari preso a male parole. CALMAAAAAAA!!

Tanto, non si sa come, ma la mattina beccate sempre il vagone più pieno, a pranzo arrivate in orario all'appuntamento, ma l'altra persona se n'è dimenticata e quindi non si presenta, il pomeriggio uscite dall'ufficio cinque minuti dopo il previsto e la folla vi perseguiterà sino a casa e, la sera, il primo spettacolo verrà rinviato per guasto tecnico alla sala... per cui rallentate un attimo, fate come Capsula e Nucleo, gli inventori della filosofia: "MENO SBATTIMENTO POSSIBILE E SCIALLO A LIVELLI CHE TE LO SPIEGO IO!!!". Boh!

E poi... scusatemi un istante... *dlin dlon... Si avvisano i signori Capsula e Nucleo che è severamente vietato oltrepassare la linea gialla: ci siamo capiti? A buon intenditor poche parole...*

N. "Stai tranzollo, zio Ettore, non puoi alzare la voce per queste cose! Fai veramente brutto."

C. "Nucleo c'ha ragggione, se ti incrastisci a questi livelli te ne vai a male!"

E. "Ragazzi, mi innervosisco sì, non vi si può ripetere le cose mille volte. Ho quasi l'impressione che mi prendiate per il culo!"

N. "Ti chiediamo schiuma zio, è solo che stiamo organizzando un due contro due giù in banchina e ci serviva una linea per battere le rimesse laterali."

E. "Ah, ho capito! Siete anche voi degli appassionati di calcio."

N. "Allora no! Per me, e qui ti faccio 'sta confidenza che ti spacca il pizzo e te lo mette sotto le ascelle in parti uguali, nella vita le cose più importanti sono, nell'ordine, la musica, le tipe e il calcio."

C. "Figlio dell'infrazione, sei veramente profondo!"

N. "Grazie, Capsula!"

C. "Prego, vorrei tanto essere come te, per sputarmi in faccia da solo."

E. "A che squadra tifi, Nucleo?

N. "Troppo Juve."

C. "È troppo un gobbo."

N. "Capsula, ti do un pugno e ti metto gli occhi in verticale."

C. "Ma cos'hai capito, ormone vagante? Gobbo perché con il davanzale che hai al posto del naso e i vasi di gerani appoggiati sopra sei costretto a camminare piegato in avanti e ti è venuta la gobba."

N. "Scusami, fratello, se ti ho attaccato, pensavo volessi offendermi!"

C. "Non potrei mai, già ti offendi da solo ogni volta che ti guardi allo specchio!"

E. "E tu, Capsula, per che squadra fai il tifo?"

C. "Ikkia, scostatevi tutti... Io tengo troppo il Milan! Da sempre, da quando sono nato! Anzi, ero milanista già nella pancia di mia madre!"

E. "Esagerato che sei!"

C. "Chiedile come le si muoveva la pancia ogni volta che sbandieravo o saltavo cantando i cori della Fossa dei Leoni!

E. "Questa è proprio carina, Capsula!"

C. "Ti ringrazio, zio Ettore. E te invece come te la ragioni come tifoso?"

E. "Come scusa?

C. "Che squadra tieni? Ikkia, ma te fantasia nel parlare pari a zzzzzero con cinque zeta."

N. "Capsula, però, anche te, parli come il figlio italoamericano di Leone di Lernia."

C. "Nucleo, prima di pronunciare il nome di uno degli ultimi poeti rimasti sulla terra sciacquati la faccia."

N. "Si dice sciacquati la bocca!"

C. "Allora sciacquati la bocca e se ti avanza dell'acqua annegaci senza esitare!"

E. "Dai ragazzi, non litigate. Comunque, tornando al discorso di prima, non tifo per nessuna squadra in particolare, ma mi piace il buon calcio anche se penso che ora, con tutta questa moviola, lo stiano rovinando."

C. "C'hai troppo ragggione, anche se a volte la prova televisiva serve di brutto. Per esempio, ieri sera, ero qui giù in banchina che mi facevo un 'uno contro uno' con Tony Cuscino. Prendo la palla, me la viaggio sulla fascia agile come una zebra monocolore, faccio un paio di doppi passi, mi fermo un attimo per capire quanti cazzo di passi sono un paio di doppi passi e poi riparto agile e scattante come un coguaro a dieta ferrea da mesi verso la porta quando quel tatuaggio con le gambe di Tony mi si piega davanti, mi fa ostruzione e cado di faccia contro il distributore di snack. Vinco un Mars e un Bounty al cocco, che poi mi fanno cagare, e lui non vuole darmi il fallo."

N. "Che infame! E tu cos'hai fatto, l'hai smembrato a legnate?!"

C. "Violenza zero, sono salito su e ho chiesto a un collega di Ettore di farmi rivedere le immagini dalla telecamera: fallo netto!"

N. "E poi com'è finita?"

C. "Sono sceso, ho chiamato Tony, che non voleva darmi il fallo, siamo risaliti su, abbiamo rivisto le immagini..."

N. "E finalmente Tony ti ha dato il fallo."

C. "Ma va, ha iniziato a picchiarsi col controllore perché aveva fatto lo sbirro."

N. "Tu li hai dovuti dividere?"

C. "No, io sono sceso, ho battuto il fallo e sono andato a segnare... sono troppo un grande!"

N. "No, sei troppo un infame!"

E. "State calmi ragazzi, qui iniziano a volare parole grosse!"

C. "Tra un po' iniziano a volare manate in faccia, anzi, Nucleo, comincia a ricordarti l'esatta posizione dei denti nella tua bocca perché sto per stravolgerla..."

E. “Ragazzi, scusate se mi intrometto nel vostro educato scambio di opinioni, ma vedo due ausiliari che stanno facendo le multe: i vostri motorini non sono parcheggiati qui fuori dalla stazione?”

C. e N. “Ikkkkkkiaaaaaaa!!!!”

6.

N. “Ci scusi, signor vigile verde con la pettorina, ma non ci eravamo accorti che qui non si potesse parcheggiare: li spostiamo subito.”

V. “Mi dispiace, ragazzi, ma io sono costretto a farvi la multa.”

C. “Ma come fai brutto!”

V. “Mi scusi, signor…”

C. “Capsula.”

V. “Ecco, appunto, signor Capsula, anzitutto non mi dia del tu perché non abbiamo mai mangiato insieme.”

C. “Ikkia, ci credo, con uno vestito così forse ci ho mangiato alla festa in maschera di carnevale dell’anno scorso.”

N. “Bollito, la finisci di offendere il signor vigile?”

C. “Quello un vigile? Ma se è vestito come un ghiacciolo alla menta! Dov’è il cappello bianco, hai visto per caso il fischietto?”

V. “Mi spiace interromperla, signor Capsula, ma noi, per sua informazione, il fischietto non lo portiamo perché siamo ausiliari.”

C. “Cioè?”

V. “Cioè aiutiamo i vigili a far rispettare il codice della strada.”

C. “Allora anche noi vogliamo fare gli ausiliari.”

V. “Ci volete aiutare a regolarizzare il traffico?”

C. “No, vi vogliamo aiutare a trovare la via per levarvi dalle palle!”

V. “Adesso lei ha veramente esagerato. Mi favorisca le sue generalità così faccio arrivare una pattuglia e la porto in commissariato per oltraggio a pubblico ufficiale.”

N. “Vedi che sei veramente un pezzo di bollore? Te ne stavi zitto e non succedeva tutto ’sto bordello!”

C. “Nucleo, lo sai, io sono come i tori, quando vedo il rosso non capisco più niente!”

N. “Ustione, ma la pettorina dei tipi è verde!”

C. “Ikkia, allora non sono come i tori! Noooo! Nucleo, ti prego, aiutami.”

N. “Fratello, ora sono solo cazzi tuoi!”

Ogni volta la stessa storia! Loro si mettono nei guai e a me tocca intervenire.

Capsula e Nucleo non sono affatto cattivi, anzi. Io li ho capiti perfettamente: tentano di apparire dei veri duri per farsi una reputazione nella loro kumpa (visto che non sbaglio più?), ma non hanno l’animo del vero ribelle. Io li vedo più come Gianni e Pinotto oppure come i due personaggi che loro citano sempre: Beavis e Butt-head, dove c’è quello più alto che fa da guida all’altro più basso e sprovveduto.

Le cose stanno esattamente così: c’è Nucleo, quello

con l'aria sempre imbronciata che con una finta svogliatezza si prende cura, come un fratello maggiore, di Capsula, la mina vagante, che vive in un mondo tutto suo e ha la capacità di capire sempre le cose esattamente all'opposto. Per il primo è una gran faticaccia badare al secondo e, spesso, si trova nei guai senza aver fatto niente, proprio come in questo caso.

E. "Mi scusi se intervengo. Ho assistito alla scena e volevo, se lei me lo consente, spiegarle alcune cose."

V. "Lei chi è, mi scusi?"

E. "Sono Ettore Caperdoni, il responsabile della stazione metropolitana sottostante. Volevo scusarmi per il comportamento dei due ragazzi, ma posso assicurarle che non accadrà più e che adesso sposteranno immediatamente i motorini. Garantisco io per loro."

V. "Guardi, in questo caso, faccio finta di niente, ma se dovesse verificarsi ancora una situazione simile sarò costretto a intervenire."

E. "La ringrazio molto, anzi, se le capita di ripassare, scenda giù in metropolitana che le offro molto volentieri un caffè."

V. "Grazie, ma non bevo caffè, al massimo una spremuta d'arancia."

C. "Adesso non ti allargare bello!"

N. "Capsula, se fiati ancora ti do uno schiaffo e ti addomestico l'acne giovanile!"

C. "Scusami, Nucleo!"

7.

N. “Ma bella lo zio Ettore, sei stato troppo un grande!”

C. “Ikkia, zio, te ci stai troppo dentro un gatto delle nevi con le ciabatte infradito!”

E. “Vergognatevi! Ma che figure mi fate fare?”

N. “C’hai troppo ragione zio, ma la colpa è sempre di Capsula, che mi tira in mezzo alle sue storie malate.”

C. “Sei veramente un abbaione. Perché racconti le cose che non sono vere?”

N. “Non sono vere?!? Allora vogliamo raccontare a Ettore che figura mi hai fatto fare la settimana scorsa quando due vigili ti hanno beccato senza casco?”

C. “Senti, Nucleo, i panni sporchi li laviamo a scuola.”

N. “Si dice ‘li laviamo in casa’!”

C. “Sopracciglio, io la mia roba la lavo dove mi pare, hai capito?”

N. “Capsula...”

C. “Eh?”

N. “Se ti regalo una gomma, ti cancelli di tua volontà da questa terra?”

E. “Ragazzi, vediamo di smetterla, ci siamo capiti?

Ora io torno giù in metropolitana e voi mi fate la cortesia di spostare immediatamente i vostri motorini perché mi sono stufato di venire ogni volta a levarvi dai guai. Siete due irresponsabili e non sapete fare altro che stare tutto il giorno qui a perdere del tempo. Fossi in voi, mi vergognerei e cercherei di darmi una mossa; mi avete proprio deluso, ma, forse, da due ignoranti come voi non ci si può aspettare nulla di buono."

N. "Ikkia, mi sa che l'Ettore stavolta è incazzato la paura e la colpa, tanto per cambiare, è tua e di quel cartoccio del tuo motorino."

C. "Intelligenza invisibile, se ti rivolgi ancora in simil maniera così irriverente e irriguardosa nei confronti del mio mezzo meccanico, mi vedrò costretto, nonostante il mio raziocinio me lo sconsigli, a usare illimitata violenza nei riguardi della tua persona!"

N. "Ma ke kazzo hai detto?"

C. "Non lo so, è il mio neurone che ogni tanto esce e va a farsi due passi senza avvisarmi, comunque non parlare male del mio motorino, altrimenti con un pugno ti inverto l'ordine delle costole, hai capito cistone?"

N. "Mamma, Capsula, come te la meni!"

C. "Vorrei vedere te! Piuttosto, figlio del quoziente intellettivo inesistente, c'ho da farti una domanda che ti spacca la lingua e te la mette in mano così poi ti lecchi le ferite."

N. "Spara!"

C. "Che motorino c'hai?"

N. "Sono troppo avanti, io c'ho l'A,b,c,d,e,f,g,h,i,l,m, ...r,s,t,u,v,z. E tu, che motorino c'hai?"

C. “L'X,y,#.”

N. “Che motorino è?”

C. “Sono le uniche lettere dell'alfabeto che mi hai lasciato!”

N. “Ma cosa te la chiacchieri, che viaggi su una baracca?”

C. “Ma quale baracca, figlio dell'infamia, il mio motorino c'ha: due freni a disco versione 33 e 45 giri più quattro pignoni che ti pressano sotto la sella e ti massaggiano la cellulite!”

N. “Pezzo di palta, il mio allora c'ha quattro freni a disco, con DVD allegato e quattro pignoni che non so che cazzo siano, ma io li uso per farci il vino.”

C. “Allora il mio, e mentre ti dico 'sta cosa ti passo a destra mentre mi faccio lo shampoo alla mela verde e mi taglio le unghie, c'ha: il citofono, la filodiffusione e i remi.”

N. “Sei un abbaione! Allora il mio, e io sono troppo avanti, anzi sono talmente avanti che mi sento solo, c'ha: tutti gli Abbagnale, la scialuppa di salvataggio e Peppiniello che grida: ‘Voga, voga!’ e come me la viaggio, bello!!!”

C. “Allora io, e mentre ti dico 'sta cosa sono talmente avanti che mi giro, guardo la tecnologia e le dico: ‘Oh, vieni!’.”

N. “Esagerato!”

C. “Il mio motorino c'ha: la lampada da camera, la cassapanca e il divano!”

N. “Hai vinto!”

C. “Come al solito!”

8.

Maledizione! Vivere a Milano sta diventando davvero complicato. Non solo devo impazzire per il traffico e per la lotta al parcheggio, ma da novembre a marzo mi tocca anche combattere con la nebbia! A volte mi chiedo chi o cosa mi abbia spinto a venire a lavorare in città... nessuno, anzi solo il lavoro, quella cosa che fai controvoglia, soprattutto se non ti piace, ma della quale non puoi farne a meno per sopravvivere dignitosamente.

Mi ricordo la prima volta che ho incontrato la nebbia! Stavo passeggiando con mia moglie Piera in direzione parco Sempione quando ci siamo imbattuti in un banco di nebbia grigio! Dallo spavento ho stretto forte la sua mano solo che, appena uscito dal banco, mi sono accorto che stavo tenendo per mano un vigile che pensava mi fossi smarrito. Milano si dice sia da bere... forse nel senso che per viverci devi essere ubriaco. Ora riesco a convivere con la nebbia, anche se, quando questa si presenta, come sempre all'improvviso, rimango in agitazione, come adesso, per esempio, che non vedo

Capsula e Nucleo. Di solito a quest'ora sono già qui. Ma dove diavolo si sono cacciati? Ma tu guarda se devono farmi stare ogni volta in pensiero! Chiamare a casa loro non se ne parla, non vorrei far spaventare inutilmente i genitori... Eccoli! Meno male!

E. "Si può sapere dove diavolo vi eravate cacciati?"

N. "Bella lo zio Ettore, come butta?"

E. "Butta malissimo, ragazzi! Ero in ansia per voi che eravate in giro con quei maledetti motorini. Se andaste a piedi saremmo tutti più tranquilli, soprattutto con questa nebbia."

C. "In effetti oggi c'è una nebbia che spacca. Per strada c'è un macello, sembra un videogioco."

E. "Figuriamoci se pensate ad altro oltre al divertimento voi due!"

C. "È chiaro, Ettore, noi siamo troppo avanti!"

N. "Vero, siamo così avanti che a Natale regaliamo le uova di Pasqua."

C. "Nucleo scusa, ma se a Natale regaliamo le uova di Pasqua, a Pasqua cosa regaliamo?"

N. "Capsula, cos'hai in testa, un temporale?"

C. "Perché?

N. "Perché, si sentono i tuoni!"

E. "Ragazzi, a parte gli scherzi, non vi dà fastidio il fatto di non riuscire a vedere bene cosa vi sta davanti?"

C. "Dipende, se davanti ho quel citrone di Nucleo, allora viva la cecità!"

N. "Adesso ti do uno schiaffo e ti blocco la crescita dei peli sul petto."

E. "Possibile che con voi due non si riesca a fare

un discorso tranquillamente? E poi lo sapevate che la nebbia alza il livello di smog e ci impongono le targhe alterne?"

N. "Che problema c'è? Basta usare il metodo Tony Cuscino: un giorno metti la targa e un giorno no!"

C. "Esattamente come il cervello di Nucleo!"

E. "Ragazzi, adesso basta!"

N. "No, scusami, zio Ettore. Parlando seriamente, è vero che l'aria a Milano è troppo pesante e che c'è troppo smog; ultimamente siamo costretti ad andare in giro con la mascherina."

C. "Ikkia, ci manca il camice verde e il tipo che fa l'anestesia e poi possiamo andare in sala operatoria!"

N. "Per l'anestesia ci penso io, kumpa!"

C. "In che senso, Nucleo?"

N. "Nel senso che al malato gli faccio fumare un cannone di maria di quelli che te lo spiego io e mi collassa di brutto senza anestesia."

C. "Figlio del bisturi, sei per i rimedi naturali?"

N. "Sempre e ovunque!"

C. "Bella stuoia, fratello! Comunque, la mascherina è uno sbattimento!"

N. "Esagerato che sei, Capsula!"

C. "Esagerato cosa?!? L'altro giorno sono andato a comperare una di queste mascherine, solo che le avevano finite e alla fine ho dovuto prendere quella di Zorro."

N. "Quante menate per una maschera!"

C. "Non è la maschera che mi manda a male, sono gli stivali e il mantello che mi scazzano: se mi fermo a un angolo della strada, rischio di essere scambiato per un travestito."

E. "Scherzate voi! Io, invece, sono seriamente preoccupato per la mia salute e per quella della mia famiglia!"

C. "Pensa che stamattina prendo lo scooter e dopo cinquanta metri mi blocco in circumballa."

E. "C'era tanta nebbia?"

C. "Tanta nebbia? Ho visto delle rondini che migravano a piedi sulla corsia di sorpasso!"

E. "Bisognerebbe trovare una soluzione."

N. "A me lo dici, zio Ettore? Io ho un dito di nero di scappamento sulle piante di maria che ho sul balcone. Non riesco più ad accendere le canne!"

C. "E come fai, fratello?"

N. "Le metto in moto a spinta!"

E. "Cosa devono sentire le mie orecchie?!? Prima o poi lo dico ai vostri genitori che vi fumate quella robaccia."

C. "Se è per questo i miei l'hanno anche provata."

E. "Non ci credo, Capsula!"

C. "È vero, zio! Il fatto è che un giorno io ho lasciato la maria sul tavolo in cucina, quella bollita di mia madre l'ha scambiata per prezzemolo e l'ha messa nella pastina. Mio padre l'ha mangiata e ora svolazza come Superman."

N. "Nooo! E tua madre?"

C. "Si è comperata un tamburo ed è partita per la Giamaica!"

N. "Ma dai!"

C. “Pensa che ho il cane con i dreads e mia nonna adesso, quando va a letto, non recita il rosario, ma canta *No woman no cry*!”

N. “Ikkia, zio Ettore, la famiglia di Capsula ci sta dentro una gazza ladra con la fedina penale pulita.”

...dlin dlon... Comunicazione di servizio: Ettore Caperdoni è atteso urgentemente al posto di polizia della metropolitana.

E. “Scusatemi, ragazzi, ma io devo scappare! Comunque, non mi interessano questi discorsi e, se vi becco quella robaccia, ve la butto immediatamente, ci siamo intesi?”

N. “Bella Ettore! Ci si becca più tardi e stai tranzollo!”

C. “Nucleo?”

N. “Oh?!?”

C. “Uno di questi giorni a Ettore gli metto una caccola di fumo nella schiscetta!”

N. “Magari non gli fa niente.”

C. “Forse, ma se lo trovo in fame chimica mentre tenta di sgagnare un pezzo di scala mobile significa che la canna ha fatto effetto.”

N. “Pezzo di stipite, andiamo a vedere cos’è successo!”

C. “Ikkia, che palle! Tu, Nucleo, non hai un minimo di immaginazione.”

N. “Neanch’io immaginavo che tu triturassi le palle a ’sti livelli!”

9.

Avevano rapinato Aldo, l'edicolante, e lo avevano anche picchiato. Erano in tre: uno l'aveva distratto e gli altri due erano entrati dal retro. Che razza di animali ci sono in giro! Non è la prima volta che accade un fatto simile. L'anno scorso, un mercoledì sera, dei tifosi inglesi, venuti in Italia per assistere a una partita della loro squadra, avevano sfasciato alcuni vagoni della metropolitana e terrorizzato tutti i passeggeri.

E. "Allora non si può stare tranquilli neanche sul posto di lavoro?"

C. "Poi te la prendi con noi per qualche biglietto non pagato e per lo stereo un po' alto."

E. "Chi vi ha detto di entrare a voi due?"

N. "Scusaci zio, solo che avevamo paura ti fosse successo qualcosa e volevamo vedere se avevi bisogno di aiuto!"

Non potrei mai fare a meno di questi due demoni, vedete? Mi fanno incazzare, non mi ascoltano, mi prendono spesso in giro, ma mi vogliono bene e io ne voglio a loro... Mi raccomando! Se andate a dirglielo non vi racconto più niente, capito?

E. “Allora Aldo, come ti senti?”

A. “Ettore, ora sto bene, ti ringrazio!”

E. “Sei sicuro? Mi sembri un po’ pallido!”

A. “No, veramente, è tutto a posto. Piuttosto, è Capsula che mi preoccupa, lui sì che è pallidino, guarda!”

E. “Hai ragione, Aldo.”

E. “Capsula!”

C. “Cosa vuoi, Ettore?”

E. “Vieni qui un attimo.”

C. “Cosa c’è?”

E. “Ma ti senti bene? Ti trovo un po’ affaticato.”

C. “Nucleo, lo zio mi trova affaticato. Tu cosa ne pensi?”

N. “A sapere cosa significa ‘affaticato’!”

E. “Vuol dire stanco, sciupato, debole.”

N. “No, non mi sembra. Hai sempre la solita faccia di cazzo!”

C. “Sei troppo il figlio della maleducazione diffusa! E poi forse ora che ci penso, Ettore, che mi è attento come Ancelotti sulla panchina del Milan, ha ragione: sono pallido perché ho donato il sangue... Me ne hanno levati due litri.”

N. “E allora?”

C. “Ma non me li hanno ridati, ’sti strozzini del colore.”

N. “Bollito, guarda che non devono ridarteli.”

C. “Magari non subito, però accetto anche a rate da mezzo litro con scadenza da decidere in fratellanza. E poi tu cosa ne sai, hai mai donato?”

N. “Bello, io dono ogni anno!”

C. "E allora, sopracciglio, spiegami perché dopo la donazione ci si sente così devastati?"

N. "Tu hai mangiato qualcosa?"

C. "No."

N. "E sei un cretino! È fondamentale, dopo avere donato, mangiare qualcosa di pesante, tipo..."

C. "Un crick!"

N. "Spiritoso! Zio Ettore, diglielo anche tu!"

E. "Nucleo ha ragione! Intanto io vado a prenderti una spremuta e una brioche così metti qualcosa nello stomaco, che ne hai bisogno."

C. "Grazie, Ettore, sei troppo un amico!"

E. "Figurati! Nucleo, mi raccomando, se avete bisogno chiamatemi!"

N. "Vai sereno goonie!"

C. "Ettore sì che è un amico, mica come te, figlio delle spalle voltate: quando ho bisogno non ci sei mai!"

N. "Ma sei un chiacchierone, non è vero! Quando hai avuto bisogno io sono sempre venuto ad aiutarti."

C. "Fammi un esempio!"

N. "Chi ti ha prestato i soldi per la miscela l'ultima volta che sei rimasto a piedi?"

C. "Tony Cuscino."

N. "Allora... Ah sì, chi ti ha dato il numero di telefono di quella tipa di via Giambellino che ti faceva strippare come un cielo azzurro in una giornata uggiosa?"

C. "Una sua compagna di classe."

N. "Se la metti così... Chi ti ha coperto con i tuoi genitori l'ultima volta che hai bigiato scuola per saltare il compito di mate?"

C. "Dovevi farlo tu solo che poi i tuoi neuroni, quel giorno, sono scesi in piazza a manifestare contro la mancanza di spazio nel tuo cervello e tu hai pensato di telefonare a casa mia per cercarmi, dicendo ai miei che eri preoccupato perché non ero a scuola!"

N. "Ikkia, Capsula, tu sei troppo pignolo!"

C. "E tu sei troppo un coglione!"

N. "Fratello, ti chiedo schiuma!"

C. "No problema! Tornando invece alla mia salute, devo ammettere che 'sta storia della donazione del sangue mi sta mandando un po' in cartoccio: a proposito, Nucleo, tu che gruppo sanguigno c'hai?

N. "Sono troppo avanti, io c'ho l'ABCDEFGHILMNOPQRSTUVWXZ zero positivo. E tu?"

C. "Negativo."

N. "Ma che gruppo sanguigno è?"

C. "Ladro scavallone, le lettere le hai prese tutte tu!"

Vederli discutere, giocare, gesticolare mi fa molto ridere! Sì, avete capito bene, ridere. Non avete idea di quanto siano buffi e come assomiglino a un fumetto giapponese manga. Lo so, con questo termine vi ho stupito, ma sarà il caso che vi abituiate ai miei lampi improvvisi e inaspettati di modernità perché l'Ettore la sa lunga e ha ancora qualche cartuccia da sparare.

E. "Ecco la tua spremuta, Capsula!"

C. "Grazie, Ettore!"

N. "Ma a me, zio, niente spremuta?"

E. "Ma tu mica stai male!"

N. "Va be', ma bastava il pensiero!"

C. “Nucleo, guarda che per la lobotomia frontale non esistono rimedi!”

E. “Ragazzi, vi ho lasciato un attimo e quando torno state ancora litigando! Ma siete incredibili voi due. Senti un attimo Capsula, levami una curiosità: come mai sei andato a donare il sangue?”

C. “Mi sembrava un bel gesto e poi mi facevano le analisi del sangue gratis.”

E. “E cos'è risultato dalle analisi? È tutto a posto?”

N. “Tranzollo, zio, Capsula sta alla grande. I suoi valori sono precisi e pettinati come un orologio svizzero: globuli rossi nella norma e lo stesso vale per quelli bianchi e per i filtrini.”

E. “Vorrai dire piastrine!”

N. “Sììì, quelle, il bollito se le è fumate tutte già da un lustro di tempo!”

C. “Sarò anche un bollito, ma intanto adesso che ho fatto le analisi posso finalmente farmi il tatuazzo.”

N. “Almeno la smetterai di pasticciarti le braccia con il pennarello come i bambini.”

E. “Ragazzi, se volete la mia opinione sui tatuaggi...”

N. “Non la vogliamo, Ettore!”

E. “Fate come volete, io vado a fare il mio lavoro!”

N. “Allora, Capsula, dimmi cosa ti sei fatto tatuazzare.”

C. “Fratello, tieniti! All'inizio volevo farmi il codice a barre sulla nuca!”

N. “Stiloso!”

C. “È vero, però poi mi sono detto: ‘E se ogni volta che vado al supermercato la cassiera tenta di prezzarmi?'."

N. "Giusta osservazione!"

C. "Allora ho pensato di farmi fare due 'w' sulla pancia, prima e dopo l'ombelico, così quando mi levo la maglietta si legge 'wow'... Praticamente mi faccio i complimenti da solo!!! Ikkia, se sono avanti!"

N. "Ma tua madre non ti ha detto niente, non se l'è menata?"

C. "Figlio del conformismo, guarda che mia madre è troppo all'avanguardia, pensa che a cinquantacinque anni si è fatta la plastica al seno."

N. "Che storia malata! Si è fatta le minnone come la Ferillona?"

C. "Di più!"

N. "Allora due minnazze come la Arcuriona?"

C. "No, se n'è fatta una sola, grossa come una palla, proprio al centro del petto, con Yuri Chechi attaccato al capezzolo che si allena!"

N. "Che grande tua madre! E tuo padre se l'è menata?"

C. "All'inizio un po', poi però ha scoperto che orientando la minna prendeva Stream e Tele+ senza parabola!"

N. "Hai una famiglia troppo crasta e stilosa!"

C. "C'hai troppo ragggione, fratello. Tu tatuazzi niente?"

N. "Non ho abbastanza soldi, però con un pennarello nero ho unito tutti i punti neri che ho sul petto."

C. "E cos'è uscito!"

N. “SCHIACCIACI!!!!”

C. “Tu sì che sei il vero figlio dell’avanguardia!”

N. “Grazie, Capsula!”

C. “Dovere, Nucleo!”

...dlin dlon... Si avvisano i signori passeggeri che, causa sciopero sindacale, domani, 3 giugno, non sarà garantita la regolare circolazione dei treni. Grazie.

C. “Noooo!!”

N. “Cosa c’è?”

C. “Domani è il 3 giugno?”

N. “Sì.”

C. “Allora oggi è il 2!”

N. “Ikkia, se sei intelligente!”

C. “Finiscila, Nucleo! Domani è il compleanno di Ettore e noi non gli abbiamo neanche preso il regalo. Sei proprio un figlio del dimenticatoio!”

N. “Adesso la colpa è solo la mia!”

C. “Quando sbagliamo, la colpa è sempre la tua!”

N. “Mi sembra giusto! E quando invece facciamo la cosa giusta?”

C. “Appunto, quando?”

10.

C. “Quanti anni ha, secondo te, Ettore?”

N. “Per me ne ha un quarantacinque.”

C. “No, secondo me, almeno sessanta.”

N. “Ikkia, che esagerato!”

C. “Scusa un attimo, suo figlio Ottone ne ha tra i sedici e i ventisei, lui si è sposato quando ne aveva ventitré-ventiquattro, al massimo venticinque, in più considera che è stato fidanzato cinque anni, se pensi che fa questo lavoro da almeno vent’anni... avrà appunto una sessantina d’anni!”

N. “Capsula, se uno ti dà in mano la contabilità di un’azienda all’attivo, tu in tre secondi la mandi in fallimento senza alcuno sforzo!”

C. “Ma cosa! Testa di Mulan, guarda che tra me e la matematica c’è un certo feeling.”

N. “Vero, come tra Galeazzi e la dieta!”

C. “Va be’, alla fine cosa gli regaliamo?”

N. “Un bel tocco di fumo!”

C. “Ma sei fuori?!?”

N. “Bello, sai come lo rilassa dopo il lavoro? Magari gli risveglia anche l'ormone che, secondo me, è in cassa integrazione da decenni e fa passare una nottata diversa a sua moglie Piera! Della serie A VOLTE RITORNANO."

C. "No, Nucleo, io me la meno come un millepiedi senza scarpe a regalargli il fumo."

N. "Regalalo a me!"

C. "Ciglione, il regalo dobbiamo farlo in due e quindi la munna, il cash, il denaro, lo dobbiamo cacciare fuori in due!"

N. "Che tigno che sei..."

C. "Va bene, allora sveniamoci e regaliamogli un telefonino."

N. "Bella stuoia!"

C. "Gli regaliamo quello uguale al mio!"

N. "Ma levati che il tuo è una baracca."

C. "La baracca ce l'hai in testa. Il mio è grosso due dita!"

N. "Il mio un dito e mezzo e in più si apre a fisarmonica; ci scrivo i messaggi a stile libero."

C. "Il mio si piega in quattro e non si srotola."

N. "E come fai per i messaggi?"

C. "Fischio, arriva il piccione, lo digito e lo scaglio direttamente al destinatario."

N. "Devi avere una bella mira di merda!"

C. "Perché?"

N. "Ho tutto il davanzale puntellato di piccioni."

C. "Mi devo perfezionare nell'invio. E poi il mio telefono è troppo avanguardia a livelli di Wyoming; non si digita neanche, si comanda con il pensiero."

N. "Ecco perché non sei mai raggiungibile!"

C. "Va bene, ho capito, lasciamo perdere il telefonino e pensiamo a un'altra cosa da regalargli."

N. "Fratello, mi è venuta un'idea che ti apre la faccia a portafoglio!"

C. "Spara, Nucleo!"

N. "Te lo devo dire, te lo sto dicendo..."

C. "Tra un attimo mi danno la pensione di anzianità!"

N. "Gli regaliamo l'antifurto per la macchina; ti ricordi che aveva detto che doveva comperarselo!"

C. "È vero!"

N. "So anche quale tipo regalargli: si tratta del famoso antifurto PPV."

C. "Ah, pratico, provato e veloce?"

N. "No, Pietro Paolo Virdis!"

C. "Che cazzo di nome è?"

N. "Il tipo che l'ha inventato è un grande tifoso del Milan."

C. "Che stuoia malata!"

N. "Ta piasa?"

C. "Ma piasa da brutto!"

N. "Per facilitare il suo utilizzo gli hanno dato la forma di cd da inserire nello stereo della macchina. Se il ladro entra in auto e tocca il volante, nell'abitacolo si diffonde la canzone di Masini *Perché lo fai*; se la tristezza del testo non scoraggia il temerario, che quindi vi porta via il mezzo, colpo di scena, parte il lato B."

C. "Con che pezzo?"

N. “Vaffanculoooooo!!!!”

C. “Stai male!”

N. “Risultato: non avete più la macchina, ma almeno avete insultato di brutto quell’infame del ladro!”

11.

Che emozione! Mi hanno chiamato a partecipare a una puntata di *Chi vuol essere miliardario*, il programma condotto da Gerry Scotti, quello che va in onda una sera alla settimana all'ora di cena. Io e Piera lo guardiamo sempre; anzi è stata proprio lei a spedire la domanda perché ha visto che spesso indovino le risposte. Che pensiero dolce ha avuto la mia mogliettina!

Si fosse trattato di un altro programma, non sarei mai andato, ma questo è uno dei pochi che secondo me si salva; per il resto il vuoto più assoluto.

Ci sono dei giorni in cui, tornato dal lavoro, accendo la televisione e mi viene addosso una malinconia incredibile. Rivoglio la vecchia tv, il carosello, le donne meno scoperte, molta meno pubblicità: adesso la mettono anche durante le partite di calcio!

Sei lì, presissimo a seguire un'azione di gioco e loro ti bloccano, tutto per dirti che se bevi quell'acqua quando andrai in bagno non sentirai il solito fastidioso rumore ma, al suo posto, rimarrai incantato dalla dolcezza di un armonioso *PLIN PLIN*. Oppure, mentre Pippo Inzaghi sta per dribblare il difensore dell'altra squadra... va be', lì meglio la pubblicità, tanto di sicuro la palla la prende l'avversario. L'unica volta in cui Superpippo è riuscito a dribblare si è risvegliato lo Stromboli!

Soffermiamoci un attimo sui programmi sportivi e più precisamente sulla *Domenica sportiva*. L'unica trasmissione di calcio in cui gli ospiti che ci sono all'inizio, non appena prende la parola Giorgio Tosatti, fuggono in preda a crisi di panico e vengono sostituiti da sagome di cartone dal temperamento molto più mite e meno desiderose di usare violenza fisica su chi parla senza un preciso motivo.

Il mio eroe, comunque, rimane Aldo Biscardi, l'inventore della lingua italiana, un uomo con un bagaglio culturale pesantissimo (forse per via del lucchetto!), sempre pronto a dare un tetto e un piatto caldo a chi, come Maurizio Mosca, si vede sbattere in faccia tutte le porte... SPERIAMO ALMENO CHE SIANO BLINDATE E CHE FACCIANO MOLTO MALE QUANDO ARRIVANO SULLA FACCIA!

La verità è che la maggior parte dei programmi di oggi mi fa schifo! Non posso pensare di sedermi a tavola per pranzo, accendere la televisione e vedere che esiste ancora *La ruota della fortuna*! O, magari, pensare di prendermi un tè tranquillo davanti al video guardando *OK Il prezzo è giusto*. Vi giuro che uno di questi giorni creo un comitato per la lotta contro il perseverare delle ruote, faccio irruzione negli studi in cui si girano questi due programmi e sfascio l'infernale aggeggio. Non ce la faccio più!

Ho anche litigato con mia moglie per colpa della televisione! Ormai non sono più al centro delle sue attenzioni; prima ci sono Ridge e Thorne di *Beautiful*, poi Ettore di *Cento vetrine* (regalo un pallone a dieci bambini scalmanati e ti faccio vedere io che fine fa tutto quel vetro!) e infine, dopo una giornata di liti familiari, ci si allieta con *Un posto al sole*... Commissario Montalbano, preparati a lavorare su un nuovo caso di omicidio, perché ho deciso di ammazzare mia moglie!

Mi riprometto ogni volta di non arrabbiarmi così, ma non ce la faccio, è più forte di me! La soluzione ideale sarebbe trovarsi un hobby, in modo da non passare il mio tempo libero davanti alla televisione.

E. "Voi cosa ne pensate ragazzi?"

C. "Nucleo, lo zio Ettore è uscito dal coma."

N. "Ikkia, è vero! Sono venti minuti che te ne stai lì nel gabbiotto con lo sguardo perso nel vuoto, senza cagare nessuno. Per un attimo abbiamo pensato che avessi iniziato a farti le canne!"

C. "Eri troppo svarionato! Adesso come butta?"

E. "Tranquilli, ragazzi! Stavo solo riflettendo molto attentamente su alcune cose e mi sono isolato dal resto del mondo!"

C. "Non te la menare, Ettore! Nucleo è da quando è nato che è isolato dal resto del mondo!"

N. "Sei veramente una testa di stoffa."

E. "Ma levatemi una curiosità, voi cosa pensate di me?"

C. "Che sei un pezzo di regolare, che ci stai dentro una zebra a tinta unita e che la tua muvida si staglia precisa e pettinata nello strippo a livelli di brawn di tutto lo spazio oberdan."

N. "Per farla breve sei troppo sergio, non fai-brizio e stai mario!"

E. "Grazie, ragazzi! Penso di avere intuito che i vostri siano complimenti."

C. "Chiaro!"

E. "Vi chiedevo questo perché penso che sia giunto il momento di cambiare, di trovarmi degli hobby, dei passatempi."

N. "Mi sembra un'idea troppo power!"

C. "E cosa vorresti fare, zio?"

E. "Esattamente... non lo so, e vorrei sapere se avevate qualche consiglio da darmi!"

C. "Ce l'ho! Vai a scippare le vecchiette!"

E. "Capsula, io queste cose non le faccio."

C. "Ma cos'hai capito! Le scippi nel senso che le tiri su di peso e te le porti via! Sei proprio il figlio del legittimo sospetto!"

E. "Non mi piace. Magari mi metto a collezionare francobolli."

N. "Meglio se collezioni filtrini, così noi prepariamo solo i cannoni e ci portiamo avanti con il lavoro."

E. "Ma un discorso serio riuscite a farlo sì o no?"

12.

Oggi è domenica, sono tutti a casa perché non lavorano e non ci sono neanche Capsula e Nucleo. Proprio così, anche gli irriducibili mi voltano le spalle ma, mentre prima ci rimanevo male, oggi mi ci sono abituato perché so che la domenica i ragazzi fanno tappa fissa al parco Sempione!

...Scusate un istante!... Mi rimangio immediatamente la parola!

E. "Capsula, ma cosa ci fai in metropolitana di domenica pomeriggio? Non dovresti essere al parco come al solito?"

C. "Guarda, Ettore, non me ne parlare che se no strippo come un cane dalmata sfinito per aver dovuto cercare gli altri cento che servono per la carica (poi dicono che io non mi faccio gli sbattimenti, 'sti figli delle madri permanentate!!). Quel bollore di Nucleo non può passare a prendermi perché ha promesso a Forcella, la sorella di Protone, che la portava lui oggi al parco."

E. “Scusa, ma non potevi chiedere a qualcun altro della kumpa di passarti a prendere?”

C. “Allora scena: Pallina non può perché deve finire di elaborare la bici del padre per farle fare i centoquaranta chilometri orari sull’asciutto, il Cine sta mimetizzando le sue piante di maria con l’edera rampicante della madre e Fiaccola guarda il gran premio. Così mi tocca prendere la metropolitana di dome pome, come il più grande dei ciglioni. Mi daranno anche un premio, la Ciglia in alluminio!”

C. “Te piuttosto, com’è andata poi da Gerry Scotti?”

E. “Direi male, sono stato eliminato alla seconda domanda! Non sapevo cosa fosse la Monnalisa!”

C. “Ikkia, zio, è troppo semplice!”

E. “Tu lo sai?”

C. “È certo! La Monnalisa è il ritratto di una tipa che viveva in Francia; di lei mi piacciono soprattutto gli anfibi gialli e i pantaloni a zampa!”

E. “Capsula, guarda che la Monnalisa è un mezzo busto!”

C. “Prima che io finissi di pittarla. Diamo un tocco nuovo alle vecchie forme d’arte, E CHE CAPSULA!!!”

E. “Sarà... comunque niente Gerry Scotti e niente soldi. Tu, piuttosto, adesso come fai ad arrivare al parco?”

C. “Non te la menare un modo lo trovo!”

E. “Ma scusa, chiedere a tuo padre di accompagnarti?”

C. “Ma sei fuori! La dome pome è l’unico momento tranquillo per lui e mia madre; magari l’ormone in coma si risveglia inaspettatamente. Non voglio impedire che possa succedere un miracolo."

E. "E tua sorella non può portarti?"

C. "Piuttosto che chiedere un favore a quel canotto di mia sorella me la faccio a piedi!"

E. "E se prendessi un taxi?"

C. "Che bello che sei! Sono totalmente infostrada!"

E. "Cioè?"

C. "Sono sdraiato come un gatto in autostrada."

E. "Scusa?"

C. "Ikkia, zio, quando fai così mi mandi in questione!"

E. "Senti, o ti decidi a parlare la mia lingua oppure non ti capisco."

C. "Il taxi non lo posso prendere perché non ho una lira! Hai capito adesso o ti ci vuole l'interprete?"

E. "E tu vai in giro senza soldi in tasca? E se ti succede qualcosa e ti servono dei soldi per fare una telefonata e avvisare casa come fai?"

C. "Senti, Ettore, con 'sta storia dei soldi mi hai battuto a macchina l'orlo dei testicoli."

E. "Va bene, ma adesso mi spieghi come fai a prendere il biglietto della metropolitana?"

C. "Timbro quello usato!"

E. "Non si fa!"

C. "Dai, non mi fare delle tele inutili! Non puoi chiudere un occhio per questa volta?"

E. "Se fosse per te e Nucleo, sarei diventato cieco da secoli! Comunque, passa e levati di torno, ma la prossima volta non ti scuso."

C. “Grazie, zio, sei troppo il kumpalibre!”
E. “Salutami Nucleo!”
C. “Col cazzo che ti saluto quell’infamone!”
E. “Mi raccomando: non litigate!”
C. “Vai tranzollo, zio. Ci si becca domani!”

13.

È stata una sbatta, ma alla fine sono arrivato! Adesso mi devo fare un'altra tela per beccare quel figlio del dito medio di Nucleo. Proverò a chiedere agli altri kumpa se è già arrivato.

Intanto, visto che sono troppo l'educazione in persona, più fatta che finita, faccio gli onori di casa e vi accompagno a conoscere questo posto magico. Vi voglio agili e scattanti, capito? Ci sarebbe da pagare un biglietto per il giro turistico, ma per questa volta, siccome sono troppo un regolare, chiuderò un occhio! Certo che ho proprio la faccia come il culo!!!!

Parco Sempione sta a me e al bollito di Nucleo come Cony Island sta ai Guerrieri della notte (e questo per dimostrarvi quanto siamo avanti, cinematograficamente parlando), con l'unica eccezione che di sera è blindato, per cui se i Warriors venissero a trovarci per un dopocena troverebbero chiuso. Noi della kumpa, però, stiamo raccogliendo dei fondi per un fabbro che ci faccia una serratura e per uno zerbino dove poter lasciare la chiave nel caso di visite inaspettate; speriamo!

Uno dei punti più caratteristici del parco è il laghetto, un posto che, per un attimo, ti fa dimenticare di essere in città schiacciato dal cemento e dalle macchine. Ha la particolarità di emanare fumo, ma non perché l'acqua contenga un'alta percentuale di zolfo, bensì perché intorno a questo fumano tutti. Si è stufato e si è messo a fumare anche lui, rendendo felici e orgogliosi tutti quelli della kumpa.

Le uniche scontente, e con il broncio, sono le anatre che, prima, nuotavano belle tranzolle tranzolle nel laghetto; hanno organizzato un sit-in di protesta che però poi non si è potuto fare perché i cartelli che avevano preparato per la contestazione sono stati fottuti da dei bolliti e usati come pali delle porte in un quattro contro quattro all'ultimo sangue. Ora le nostre amiche dai piedi palmati minacciano di vendicarsi: a noi della kumpa, per esempio, per intimorirci, ci hanno mandato una busta contenente un filtrino con l'orecchio tagliato. Che stuuuuria malata!

E le carpe del laghetto? Non ne vogliamo parlare! Scusatemi un attimo, kumpa!

C. "Eccoti qua, quattro quarti di infamone. Io mi sono fatto uno sbattimento immenso per arrivare al parco e te sei qui già da una cifra di tempo insieme a quel cassonetto di Forcella a fare un bel faccia a faccia con bolla annessa con il prato."

N. "Cosa?"

C. "Nucleo, voglio dire che mentre io facevo i numeri di Schillaci ai Mondiali del '90 per arrivare, tu te la dormivi di brutto!"

N. "Capsula, non abbaiare, io non dormivo."

C. "Ma se hai ancora il segno del plaid sulla faccia!"

N. "Ma quale plaid, pezzo di gaggio, questo è il segno di un frisbee che mi è arrivato in piena faccia mentre, con l'abilità di Giovanni Rana a fare i suoi tortelli, mi stavo arrotando una gran canna!"

C. "Non ho più parole."

N. "Io sì! Ikkia, che male! Ho ancora le orecchie che mi fischiano."

C. "Portatore sano di ignoranza, le orecchie ti fischiano perché ascolti il walkman a un volume da bruciati."

N. "La musica, per essere goduta, va ascoltata alta!"

C. "Sì! Peccato che a un certo punto, secondo me, i tuoi timpani ti hanno mandato una raccomandata con ricevuta di ritorno in cui ti invitavano ad andare a fare in culo!"

N. "Bello, io vengo a casa tua a dirti cosa devi fare?"

C. "No, vieni a casa mia solo per prendere d'assalto, tipo cavalletta bulimica, il mio frigorifero!"

N. "Esagerato!"

C. "Ma se ho dovuto mettergli la combinazione per non fartelo aprire!"

N. "E io ho recepito il messaggio, mi sembra!"

C. "E perché, allora, l'ultima volta che sei venuto a trovarmi avevi uno stetoscopio e dell'esplosivo nello zaino?"

N. "Cosa c'entra! Materiale di prima necessità."

C. "Infatti, anch'io tengo sempre un serramanico e del plutonio nelle tasche del giubbotto, non si sa mai!"

N. “Capsula, non mi asciugare che sto strippando per la botta.”

C. “Ma figlio della palta, vatti a bagnare la faccia nel laghetto così ti ripigli un attimo.”

N. “Ma sei fuori! Nel laghetto ci sono le carpe giganti!”

C. “Le carpe giganti?”

N. “Eh, ssssì! Ma non ne hai mai sentito parlare, ciglione? All'inizio erano normali, poi hanno fatto un paio di favori di quelli pesanti a un fornaio che ora, per sdebitarsi, ogni mattina gli porta tre-quattro focacce con le olive a testa, tipo 45 giri con copertina annessa. Ikkia, non sono pesci, sono sommergibili, se puccio la faccia nell'acqua me la scippano a morsi.”

C. “Ti farebbero solo un gran favore!”

N. “Guarda che sono cattive. Io ne ho incrociata una con bomber, anfibi e testa rasata tipo skinhead che stava facendo a manate con uno della kumpa perché aveva l'eschimo ed era di sinistra.”

C. “Abbiamo i pesci schierati politicamente!”

N. “Allora no!”

C. “Nucleo, non te la menare. EL PUEBLO UNIDO JAMÁS SERÁ VENCIDO!”

N. “Che roba è, il titolo dell'ultimo album dei Macaco?”

C. “Nucleo, aspetta a dare le dimissioni da deficiente!”

N. “Capsula, se sei venuto per offendere potevi startene a casa.”

C. “Veramente sono venuto per… No, placa la tua insofferenza, uomo dal cervello sincopato! Prima finisco di parlare ai nostri amici che vogliono leggere il libro (Ikkia, se dovete leggerlo) del parco Sempione."

N. "Che bello che sei! E io intanto cosa faccio?"

C. "Chiedi asilo politico per il tuo cervello."

N. "Spiritoso! E poi dove?"

C. "Su Marte!"

Torniamo a noi, kumpa!

Al parco non potete assolutamente perdervi l'anfiteatro. Per trovarlo basta lasciarsi trasportare dal suono incalzante degli djambee africani, che si propagano come i raggi gamma di Mazinga e dalla delicatezza di un'essenza che non è incenso, ma Vincenzo, il noto pusher dei Tre Pini, l'unico che al posto del fumo ti vende pentole e materassi. Secondo me è Giorgio Mastrota travestito!

Il Sempione però non è solo questo; ci sono anche una cifrissssssima di ragazzi che se la cantano, se la ballano, se la giocano, se la sciallano e se la viaggiano a cercare gli altri SE che servono per finire la frase.

Potrei raccontarvi tanto altro sul parco, ma ho veramente fretta, perché vicino all'anfiteatro c'è la finale del torneo di calcetto. Se avete bisogno di più informazioni, chiedetele a Gerardo, il tipo del chiosco delle bibite, ma non dite che vi manda Capsula altrimenti vi fa pagare il mio conto arretrato, e lì sono c...i! Bella kumpa!

14.

N. “Pensavo non arrivassi più, bollito!”

C. “Scusami, Nucleo, ma stavo finendo di parlare con dei tipi.”

N. “Ma bella lo zio Ettore, cosa ci fai al parco?”

E. “Oggi pomeriggio presto ho incontrato Capsula in metropolitana e siccome era molto arrabbiato con te, ho chiesto un permesso e sono venuto ad accertarmi che non stavate litigando. Piuttosto, perché c’è tutta questa gente?”

C. “Oggi c’è la finale del torneo di calcetto e tutte le kumpa di Milano sono venute a vederla!”

N. “Speriamo piuttosto che non finisca a manate come al solito. Sarebbe troppo una tela.”

E. “Ma voi ragazzi le conoscete tutte queste persone?”

N. “Claro, zio!”

E. “E chi sono?”

C. “Allora, te lo dobbiamo raccontare, te lo stiamo raccontando...”

N. “Se aspetti ancora un attimo a Ettore scade la patente!”

C. “Nucleo, mi stai mandando in pressione! Allora Ettore, quelli che vedi alla tua destra sono i cinesi di via Paolo Sarpi, mentre quel gruppo davanti a te è quello dei marocchini della Stazione Centrale!”

E. “Ma c’è gente di tutte le razze!”

C. “Chiaro! Ecco, per esempio, quel gruppo che sta arrivando è quello dei pluridecorati filippini.”

E. “Pluridecorati perché hanno vinto più volte il torneo?”

C. “No, perché sono gli unici che da fermi ti sputano a cinque-sei metri di distanza!”

N. “Ikkia, dei lama con gambe e capelli!”

E. “E quelli che giocano la finale chi sono?”

C. “Allora, la finale è tra la Compagnia delle Indie, detta tale non per la bellezza dei suoi elementi, ma dal fatto che tutti i suoi giocatori usano lo stesso bagnoschiuma, e i Cagnacci, detti ‘Intoccabili’ perché giocano con un pit bull a testa al guinzaglio. Prova te a levargli la palla!”

E. “E voi ragazzi non lo fate il torneo?”

N. “Dovevamo iscriverci, solo che non riuscivamo a raggiungere il numero perché ci mancava sempre un giocatore.”

E. “Ma potevate chiederlo a me. Avrei giocato molto volentieri.”

C. “Ma saremmo stati in sette!”

E. “Come sette, scusate?”

C. “Eh, sssì, noi quattro più te e le due bombole di ossigeno per farti respirare.”

E. “Proprio spiritosi.”

N. “Dai, zio, non te ne andare a male, ma te, dopo dieci metri di corsa, intravedi la Madonna vestita da Pokémon!”

E. “Guardate che io, nonostante l’età, ho una forma fisica invidiabile.”

N. “Va be’, non te ne andare in questione, tanto ormai il torneo non si può più fare, diglielo Capsula.”

N. “Capsula, Capsula! Dove sei, pezzo di rifugiato?”

E. “Ma dov’è finito?”

N. “Mi si è defilato sulla fascia, agile e scattante come una gazzella con problemi di prostata.”

E. “Nucleo, il tuo amico è lì che sta litigando con un ragazzo, andiamo a levarlo dai guai, corri!”

N. “Mononeurone, possibile che devi sempre sclerare con la gente? Almeno avvisami, ci hai fatto fare trenta metri di corsa e mi sono venuti i polpacci di Gennarino Gattuso!”

E. “Ci vuoi, per cortesia, spiegare perché stavi litigando?”

C. “Anzitutto il tono e poi la colpa è di un rimastone che mi si è presentato e mi ha riconosciuto.”

E. “E non sei contento?”

C. “Il cistone prima di azzeccare il mio nome mi ha chiamato Fiaccola, Brugola e Pergola... Ma come sta?!? Gli do due pugni medio-forti sulla faccia e gli mando il cervello alle terme per ripigliarsi.”

E. “Capsula, non mi piace quando reagisci in modo così violento: se lo sapessero i tuoi non sarebbero affatto orgogliosi di te.”

C. “Ti chiedo schiuma, Ettore!”

N. “Scusa, zio, ma io la capisco la reazione di Capsula. Quando sbagliano il tuo nome non ci stai più dentro. Io una volta ero lì che me la baccagliavo con una tipa e nel bel mezzo del pasturo lei mi chiama Gluteo.”

E. “E tu cos’hai fatto?”

N. “Ikkia, le ho dato una capata in faccia e le ho spostato il naso su una guancia!”

C. “Figlio del colpo proibito, ma poi almeno te la sei fatta?”

N. “Capsula, ma sei fuori, era un mostro! Con il naso sfasciato poi!”

C. “A me le tipe un po’ sbattute piacciono.”

N. “Più che sbattuta questa era montata male.”

E. “Ragazzi, ma la partita è finita.”

N. “Nooo, per colpa tua, Capsula, non ho visto una bella cippa!”

C. “Ti sta bene, così impari a lasciarmi a piedi la prossima volta.”

E. “Non ricominciate a litigare! Io torno alla metropolitana e voi cosa fate?”

C. “Vai tranzollo, Ettore, io e Nucleo stiamo ancora un po’ e poi ce la torniamo.”

N. “Capsula, io non ti posso riaccompagnare a casa!”

C. “Perché?”

N. “Forcella all’andata l’ho portata io!”

C. “Va be’ troverà un altro che la riaccompagna.”

N. “E che magari se la inforca al posto mio! Non se ne parla neanche, mi sono fatto tutta ’sta tela e non devo riuscire a spaccarmela?”

C. “Ho capito! Sei un infame con il marchio! Io me ne vado, ma questa me la lego al dito.”

N. “Per me te la puoi legare anche al collo!”

C. “Ettore, allora se non te la meni torno con te, tanto io e questo figlio della purea di pesca non abbiamo più niente da spartire!”

15.

Sono molto preoccupato perché, dalla famosa litigata al parco, Capsula e Nucleo non si parlano più e, soprattutto, non vengono più a ravvivarmi le giornate in metropolitana. Così non vale però! Adesso non c'è nessuno che mi faccia disperare o che mi movimenti un po' il lavoro e il tempo sembra essersi fermato! Comunque, ho chiesto notizie alle loro madri, l'Antonia e la Carmela, che mi hanno promesso di farmi sapere in caso di improvvisi sviluppi. Certo che hanno litigato proprio per una sciocchezza e sarebbe un vero peccato non vederli più insieme!

Io non sopporto proprio le tensioni e infatti, se mi capita di litigare con mia moglie Piera, sto male almeno fino a che non ci si chiarisce. Devo riuscire a far riconciliare le due pesti. Anzi, mi è venuta un'idea! Telefono alle loro madri, mi faccio dare il loro indirizzo e-mail e gli faccio vedere io a quei due.

...tu... tu... tu... Bella kumpa! Questa è la protopower segreteria della mia famiglia; non ci siamo, siamo troppo fuori! Se volete lasciarci un messaggio non

fatelo, tanto non vi richiamiamo perché il telefono costa una cifra arrotondata per eccesso! Andatevene tutti in bella stuoia!

Appena incontro la madre di Capsula le dico di cambiare la segreteria telefonica perché, per capire cosa dice, ci vuole una laurea in filologia romanza. Provo a chiamare casa di Nucleo.

... tu... tu... tu... Sono Nucleo! Tu chi sei?

E. "Ciao Nucleo, sono Ettore."

N. "Ma bella Ettore, come te la ragioni?"

E. "Io sto molto bene, grazie, ma ho saputo che non hai ancora fatto la pace con Capsula e tutto per colpa di una ragazza: ma ti sembra il caso di fare così? Quando ti ricapita di trovare un vero amico?"

N. "E quando mi ricapita di trovare una donna?"

E. "Io, fossi in te, ci penserei su e, nel caso cambiassi idea, puoi incontrarlo di persona o, se non te la senti, mandargli una mail!"

N. "Ma cosa! Adesso mi vuoi dire che quel pezzo di provola affumicata ha imparato a usare il computer?"

E. "Perché no?"

N. "Ma se fino a ieri pensava che lo spazio per il dischetto fosse un portabicchieri."

E. "Nessuno nasce imparato!"

N. "Ikkia, Ettore, chi era il tuo insegnante di italiano, Aldo Biscardi? E poi un conto è non essere pratici, ma qui stiamo parlando dell'unico brasato che mette il mouse per terra e lo usa come acceleratore."

E. "Senti, fai un po' come ti pare, io volevo solo farti sapere come la penso. Ora ti devo salutare."

N. “Bella Ettore! Salutami quell’uomo dalla testa vastissima di tuo figlio! Ma senti un attimo, c’ho da farti una domanda che mi arrota i malleoli e mi inverte l’ordine delle costole.”

E. “Dimmi pure.”

N. “Ma per fare un cappello di lana a tuo figlio, visto che una ha capa tipo cerchio del centrocampo, bastano un centinaio di gomitoli di lana o chiedete un finanziamento CEE per l’acquisto di un lanificio?”

E. “Le tue battute sono di pessimo gusto e poi tengo a precisare che mio figlio non ha affatto la testa grossa.”

N. “Sarà! Secondo me, però, l’unico che potrebbe prestargli un cappello è il Gabibbo!”

E. “Non ho più voglia di ascoltarti, me ne vado. Ci vediamo.”

16.

facciamo pace?

Invia adesso | Invia più tardi | Firma | Opzioni

Da: Nucleo

A: testosterone di Capsula

Cc:

Ccn: se mi spiegate cosa significa vi regalo 20 euro e la figurina di Massaro

Oggetto: facciamo pace?

Allegati: *Nessuno*

Geneva | Piccolo | B I U T

Ciao, bollore, sono Nucleo!

Come butta?

A me butta a precipizio perché mi è venuto sulla faccia un brufolo tipo Etna e sono andato in sbattimento. Ho provato in tutti i modi a farlo andare via, ma non ci sono riuscito; l'ho schiacciato, ma lui ha minacciato di chiamare il suo avvocato e si è avvalso della facoltà di non rispondere, l'ho coperto con del cerone, ma lui mi ha denunciato per tentato omicidio e alla fine ho provato anche con il dentifricio, ma lui era senza spazzolino e si è infastidito ancora di più.

A parte questa tela volevo chiederti se uno di questi giorni ci si becca in kumpa così ce la chiacchieriamo e magari tra una canella e un big sifone con fame chimica annessa facciamo pace.

Fammi sape cosa decidi, pezzo di amico.

Nucleo.

17.

non te la menare... stai mario!

Invia adesso | Invia più tardi | Firma | Opzioni

Da: Capsula

A: mononeurone di Nucleo

Cc:

Ccn: ... ma non era CGIL?

Oggetto: non te la menare... stai mario!

Allegati: *Nessuno*

Font predefinito | Dimensione testo

Ciao, figlio delle pari opportunità!

Mi fa una cifra di piacere sentirti anche se sono convinto che mi hai scritto perché Ettore deve averti asciugato a livelli altissimi.

Mi spiace una cifra per il tuo brufolo, anche perché mi ricordo che l'ultimo che ti era venuto, un paio di mesi fa, si era stabilito a casa tua e non voleva proprio andarsene. Mi ricordo anche che eri infoiatissimo perché lui non tirava l'acqua quando andava in bagno, occupava sempre il divano e voleva sempre decidere cosa guardare in tv. Spero che questo si comporti meglio, altrimenti fammi sapere in modo da avere il tempo per organizzare una spedizione punitiva sotto casa tua e caricarlo di legnate, 'sto figlio della prepotenza.

Io, in questo periodo, me la sto sciallando abbastanza perché quel cassonetto differenziato di mia sorella è andata in gita con la classe e mi ha lasciato tutta la stanza per me. Ti rendi conto della goduria?!? Niente canzoni di Gigi D'Alessio, niente *Operazione trionfo* né *Saranno famosi* e solo PlayStation, Eminem e pornazzi a vagonate! Ma poi la bollita ha la stanza piena di peluche prepotenti

non te la menare... stai mario!

Invia adesso | Invia più tardi | Firma | Opzioni

Da: Capsula

A: mononeurone di Nucleo

Cc:

Ccn: ... ma non era CGIL?

Oggetto: non te la menare... stai mario!

Allegati: *Nessuno*

Font predefinito | Dimensione testo | B I U T

sparsi su tutti e due i letti. Adesso ho deciso di metterli solo sul suo, tipo ammucchiata, poi li riprendo, porto il filmato alla polizia e li faccio arrestare per atti osceni in luogo pubblico così, tanto per essere fini e delicati, si cavano dal cazzo! Sono troppo scaltro come una faina con un dente avvelenato e uno cariato!!

Circa la tua proposta, mi sono consultato con i miei neuroni e insieme abbiamo deciso di accettare! Ci si becca in kumpa, portatore sano di inutilità!

Vai a rubare le arachidi alle scimmie.

Capsula

18.

Calma piatta in kumpa! La voce si è sparsa e oggi, siccome Capsula e Nucleo si incontrano per fare pace, nessuno si presenta e la scena è tutta loro! Fa una caldazza di quelle che ti crepano la faccia tipo Grand Canyon, gli alberi stanno fissi per non sudare e gli uccellini non cantano perché, accusati da tutti di riproporre sempre gli stessi pezzi, sono in sala di incisione a registrare degli inediti.

Si sente un primo rumore, ma non sono loro: è Vil Coyote che ha saputo che l'odiato pennuto è passato da quelle parti e lo sta cercando perché sono tipo mille puntate che lo rincorre!

Rumore di motorini da destra, poi anche da sinistra... eccoli! Capsula e Nucleo sono arrivati all'appuntamento.

N. "Bella Capsula!"

C. "Ma bella Nucleo!"

N. "Allora, fratello, come butta?"

C. "Ci sto dentro un ormone con il cappotto; te invece come butta?"

N. “Sono troppo in sbatta.”

C. “Come mai?”

N. “Te lo devo raccontare, te lo sto raccontando...”

C. “Raccontamelo.”

N. “Ti ricordi il brufolo di cui ti parlavo nella mail?”

C. “Claro! Quello prepotente con un brutto carattere!”

N. “Bravo! Non solo non se ne vuole andare, ma ogni giorno che passa cresce e, avanti di ’sto passo, nel giro di pochi giorni incomincia a parlare!”

C. “Ma non te la menare così!”

N. “Sei bravo a parlare te, ma io lo so come vanno a finire queste storie malate. Tra un po’ mi toccherà iscriverlo a scuola, comprargli la cartella e l’astuccio dei Simpson e magari dargli anche un venti euro di paghetta alla settimana! Poi, una volta diventato grande, vorrà uno spazio tutto suo e allora dovrò affittargli un monolocale in zona Navigli e magari comprargli lo scooter e collare con lui i soldi della broda! Zero! Sono veramente in ragnatela!”

C. “Ma come fai brutto! Piuttosto fammi vedere ’sto brufolo.”

N. “Sei sicuro di volerlo vedere? Io ti ho avvisato!”

(VOI CHE LEGGETE NON POTETE IMMAGINARE COSA STO VEDENDO!!!!)

C. “Ikkia, ma è un citofono! Manca solo il nome e la targhetta, poi c’è tutto!”

N. “Figurati se tu non dovevi esagerartela!”

C. “Dai, Nucleo, questo non è un brufolo, è un

fiordo norvegese. Se a carnevale ti metti una coda sei vestito da minotauro!"

N. "Sei veramente un infame, io ti parlo di un mio problema e tu mi mandi ancora di più in sbattimento; che razza di amico sei?"

C. "Non parlarmi di amicizia, figlio della memoria cortissima. Ti ricordo che siamo qui proprio perché dovremmo chiarire quel piccolo particolare del parco, dove tu mi hai scaricato come un quarto di manzo per andarti a infrattare con una tipa!"

N. "Ti chiedo schiuma, Capsula, c'hai troppo raggione! Che poi con Forcella non è successo niente!"

C. "Come mai?"

N. "Guarda, te lo devo spiegare."

C. "Allora spiegamelo."

N. "Forse non te lo spiego."

C. "Allora non spiegarmelo."

N. "Quasi quasi te lo spiego!"

C. "Vado a raccogliere la palla che mi è caduta!"

N. "No, serio! Arriviamo sotto casa sua e mi chiede di salire. Io accetto di brutto e mentre lei cerca le chiavi io butto giù una strategia insieme al mio pacco che ormai scalpita prepotente e ruggisce, tipo il leone della Metro Goldwin Mayer. Poi la tipa trova le chiavi e saliamo: sei piani a piedi con i polmoni che abbaiano e gocce di sudore da mezzo litro l'una! Dopo una ventina di minuti siamo dentro casa e io tra me e me penso: 'Adesso me la schiaccio!'."

C. "Cos'è, una noce?"

N. "Insomma, dopo zero secondi inizia il pasturo:

mani che viaggiano, piedi che scalciano, lingue che rullano..."

C. "Sì, benvenuti a *Medicina 33*!"

N. "Mi fratturo un polso per levarle il reggiseno, che lei aveva saldato a fuoco lento sulla schiena e quando, sinuoso come un cobra, mi avvento sui pantaloni lei mi leva la mano!"

C. "Nooo! E perché?"

N. "Perché dice di non essere una che la dà al primo appuntamento!"

C. "E tu cos'hai fatto?"

N. "Sono uscito e sono rientrato... Ecco il secondo appuntamento! Adesso dammela!"

C. "E lei?"

N. "Mi placca tipo rugby e mi dice che vuole parlare!"

C. "E tu?"

N. "Io niente, sono andato in comune e mi sono fatto fare un permesso con firma autenticata, poi sono tornato a casa sua, le ho dato una capata e le ho spostato gli occhi sulle tempie tipo squali!"

C. "La tipa se l'è menata?"

N. "Non tanto per le mazzate, piuttosto perché le ho chiesto i soldi per la miscela che avevo consumato! E CHE CAPSULA!"

C. "Sei troppo un signore!"

N. "C'hai troppo ragggione, Capsula!"

C. "Alla fine sei rimasto senza tipa e con un mostro sulla faccia; ne valeva la pena?"

N. "Zero assoluto! Ma tu sei ancora infoiato con me?"

C. "Ma smettila, ciglione!"

N. “Pace fatta?”

C. “Claro, fratello! Piuttosto, visto che ora non c’è più tensione tra di noi, c’ho da farti una domanda che mi dilata le pupille e mi abbassa il colesterolo.”

N. “Spara!”

C. “Ma perché adesso te la meni così tanto per un brufolo? Tu non eri quello che diceva che le tipe ti devono amare per come sei fatto dentro?”

N. “Vero!”

C. “Nucleo, se una tipa guarda nel tuo cervello le vengono degli attacchi di panico.”

N. “Ma cosa c’entra! E poi ho deciso di curare il mio aspetto perché mi hanno chiamato a fare un colloquio per un lavoro!”

C. “E tu ci vai?”

N. “Perché no?”

C. “Ma sei fuori! Vuoi lavorare?”

N. “Testuggine, guarda che il lavoro nobilita l’uomo!”

C. “Ma noi siamo dei ragazzi!”

N. “Uomo e ragazzo sono la stessa cosa.”

C. “Ma perché devi ragionare su un’asse di pensiero che mi oscilla tra la sopravvivenza di una società parauniversitaria e un trendy che si è arenato su un litorale dove tutti oziano cantando: ‘Per quest’anno non cambiare, stessa spiaggia, stesso mare’?”

N. “Capsula, conosci un sarto?”

C. “Perché?”

N. “Mi hai scucito le palle.”

C. “Fai come vuoi, io ti ho avvisato! E poi scusa, lì dove vai a fare il colloquio, che tipo di contratto ti hanno proposto? Determinato, indeterminato, collaborazione continuativa o saltuaria, con contributi da versare o a ritenuta d'acconto e soprattutto il versamento in contanti o con bonifico a trenta, sessanta o duecentotrentaquattro giorni?"

N. "Capsula, è bello sapere che tu sei sempre pronto a darmi dei consigli che non capisco!"

C. "Dovere, fratello! E poi mi raccomando: quando vai a parlare, lotta per avere la pausa pranzo almeno di quattro ore!"

N. "Pezzo di tempo scaduto, il tuo cervello ha il fuso orario sballato!"

C. "Guarda che per fare riposare bene un cervello ci vogliono almeno quattro ore di pausa!"

N. "Ma per un cervello in coma irreversibile dalla nascita come il tuo la pausa non serve! Al mio, agile e pronto come le gemelle Kessler ai tempi d'oro, bastano una ventina di minuti per ripigliarsi."

C. "Intanto a me prenderebbero perché ho una bella presenza e non sono, come te, pieno di piercing e tatuazzi. Adesso te ne sei fatto anche uno sul sopracciglio. Ma dai!"

N. "Perché?"

C. "Non ti assumeranno mai da nessuna parte con tutta la ferraglia che hai addosso! Ti manca l'insegna e poi puoi aprire una ferramenta."

N. "Esagerato!"

C. "Ma poi, scusa un attimo, figlio della palta, tu non hai il piercing anche al capezzolo?"

N. "Ta piasa?"

C. "Ma piasa di brutto, ma ti sei messo la perlina o il cerchietto?"

N. "La seconda che hai detto!"

C. "Ikkia, ma non ti dà fastidio?"

N. "Il cerchietto non tanto, è il criceto che ci rotola dentro che mi infastidisce! Comunque, l'unico momento difficile è il mattino."

C. "Perché, la notte si infiamma?"

N. "No, perché mia madre prende l'anello e mi sveglia bussando, tipo portone."

C. "Testa di cipresso, però ti sta bene perché tu hai il trip dei piercing; mi ricordo quando te lo sei fatto sul pacco. Però per farselo lì ci vuole del coraggio."

N. "Più che coraggio ci vogliono due cessi perché quando pisci la pipì si divide!"

C. "Non ci avevo pensato. Io comunque il piercing me lo farei sull'ombelico!"

N. "Banale e scomodo!"

C. "Perché scomodo?"

N. "Se poi ingrassi, per trovarlo ti ci vuole la cartina geografica!"

C. "Tu usi la bussola per trovare il tuo cervello, io non posso usare una cartina?"

N. "Pezzo di ciclope, io intanto ho avuto il coraggio di farmi i piercing, tu neanche a parlarne perché non sopporti il dolore e il sangue ti fa svenire."

C. "Sì, ma io mi sono fatto il branding."

N. "Che roba è?"

C. "Ti marchi a fuoco sulla pelle."

N. "Ikkia, come le bestie?"

C. “Hai capito, bravo! Ce l’ha anche Pallina, gliel’ha fatto sua madre per sbaglio con il ferro da stiro.”

N. “Che storia malata!”

C. “All’inizio lui se l’è menata di brutto, poi però ha iniziato ad andare in giro fiero con il suo branding ROWENTA, PER CHI NON SI ACCONTENTA!”

N. “Bella stuoia! Senti, monociglia, ci si becca domani da Ettore. Io vado a casa che c’è mia madre infoiatissima.”

C. “Come mai?”

N. “Ieri mattina è entrata in camera mia e le mie calze l’hanno presa in ostaggio. Come riscatto mi hanno chiesto della Coca-Cola alla spina e due pizze quattro stagioni, solo che io non avevo soldi per cui li ha dovuti anticipare mia madre.”

C. “Praticamente si è pagata il riscatto da sola. Certo che sei proprio un sopracciglio tagliato male. Metti un po’ in ordine, cosa ti costa?”

N. “Bello, ti volevo ricordare che la settimana scorsa tua madre ha sclerato con te perché quando ti depili la schiena lasci le strisce di ceretta ovunque.”

C. “Cosa c’entra?”

N. “Come, cosa c’entra? Alla fine era così disperata che le ha raccolte e ci ha fatto lo zerbino che avete davanti alla porta di casa.”

C. “Che è molto carino!”

N. “Dillo al postino che ci è rimasto appiccicato per quindici giorni!”

C. “Nucleo, puoi abbaiartela quanto vuoi, tanto io sono molto più ordinato di te!”

N. “Ma se quando apri i cassetti le tue magliette si coprono gli occhi perché non hanno mai visto la luce!”

C. “Questo solo perché il mio è un ordine particolare, è un ordine scaffalato!”

N. “Cioè?”

C. “Cioè che se entri in stanza non si vede niente.”

N. “Sì, ma se apri l’armadio c’è la festa dell’Unità, con i ragni che fanno la fila per salire sugli autoscontri e l’omino che fa lo zucchero filato con la polvere!”

C. “Ho capito, ce la vediamo domani da Ettore!”

N. “Sarà meglio, cià cià!”

19.

Rieccoci in metropolitana! Pensavate fossi scomparso e invece mi sono solo un po' defilato perché era giusto che Capsula e Nucleo si chiarissero e tornassero amici.

Nel frattempo poi, ho sfruttato la loro assenza per informarmi su cosa danno al cinema in questo periodo; sono un vero appassionato, e ogni settimana ci vado con mia moglie Piera e mio figlio Sandro. Ormai è un appuntamento fisso: il giovedì sera pizza da Totò e poi tutti al cinema.

Mi piacerebbe andare a vedere *L'uomo senza passato* ma ho paura che il genere non piaccia agli altri, per cui mi sa che alla fine si opterà per *Pinocchio* di Benigni, anche se io non amo andare a vedere quei film di cui si parla almeno due mesi prima dell'uscita. Ho sempre paura di rimanere deluso. Scusate un attimo...

E. "Ragazzi, buongiorno! Vi ho detto che non potete stare seduti sulle scale perché ostruite il passaggio alla gente che passa! E poi sembrate i giudici di *Passaparola*."

C. "Ettore, placati! Non è che siccome al programma di Gerry Scotti non hai vinto una beata favazza ti devi incrastire con lui e con noi! Non ti abbiamo fatto niente."

E. "Non mi sto arrabbiando, è solo che sono stufo di ripetervi sempre le stesse cose."

C. "Certo che voi grandi però conoscete tre frasi e le fate girare. Aspetta, le altre piazzate ai primi posti in classifica sono: 'Quando sarai grande te ne renderai conto!'. E..."

N. "Fino a che stai in questa casa devi rispettare le regole!"

C. "Grazie, Nucleo."

N. "De nada, brother!"

E. "Allora, d'ora in poi non diciamoci più neanche ciao, tanto è inutile dover ripetere sempre le stesse cose!"

N. "Ikkia, Capsula, come ti sei accanito! Se tu ed Ettore mi aspettate qui, vado a risvegliare dal coma il giudice Santi Licheri e giriamo una puntata di *Forum*, così mentre voi ve la questionate la paura, io ci provo con quel pezzo di pasticcino farcito di Paola Perego!"

E. "Ragazzi, se sono stato aggressivo vi chiedo scusa!"

C. "Non te la menare, zio!"

Certo che questi giovani sono un bel po' strani! Non ho ancora capito come vanno presi! E poi un giorno sono allegri, un giorno sono tristi, va bene che l'adolescenza è un periodo delicato, ma qui ci vuole lo psicologo anche per i genitori, mica solo per i figli. Per ora il mio Sandro mi sembra più tranquillo di Capsula e Nucleo, anche se ho sempre il terrore di alzarmi una mattina e scoprire che in realtà il ragazzo che ho allevato è poco serio e magari tutta un'altra persona rispetto a quello che io e mia moglie immaginiamo. Ho tanta paura!

E. "Ascoltate un attimo: sto decidendo che film andare a vedere al cinema e volevo chiedervi qualche consiglio."

C. "Al cinema ci viene anche tuo figlio Ottone?"

E. "Vi ho già detto che si chiama Sandro!"

N. "Dai, Ettore, uno con la testa così vasta si può chiamare solo Ottone, te l'abbiamo già detto che sembra un pomello del letto!"

E. "Non mi interessa!"

C. "Tu comunque portati più soldi, perché magari ti tocca comperare quattro biglietti."

E. "Perché quattro?"

C. "Te, quel gran donnino di tua moglie, tuo figlio e la sua testa!"

E. "Ancora!"

C. "Ti chiedo schiuma, Ettore! Fai proprio bene ad andare al cinema, anche perché ultimamente, insieme al biglietto, ti regalano un gadget!"

E. "Veramente?"

C. "Davvero! Io, per esempio, sono andato a vedere *Harry Potter* e con il biglietto mi hanno regalato la pietra filosofale, poi sono andato a vedere *Il Signore degli Anelli* e con il biglietto mi hanno dato l'anello."

N. "Io sono andato a vedere *Santa Maradona*."

E. “E con il biglietto?”

N. “Un viaggio in Colombia, con Maradona e non dico nient’altro!”

C. “Il solito sculato!”

N. “Ma quale sculato, in queste storie ci vuole naso, capitooooo!?!?”

E. “Io, invece, ragazzi, volevo andare a vedere *Pinocchio*, voi che ne pensate?”

C. “Le storie così mi piacciono di brutto!”

N. “Io mi sarei fatto la fatina!”

C. “Nucleo, tu e la delicatezza abitate in due continenti diversi e lontanissimi.”

E. “No, sul serio, voi l’avete già visto?”

C. “Devo confessarti, Ettore, che io faccio un po’ fatica a vedere quei film dove ci sono sì i cattivi, ma soprattutto i buoni, perché poi quando esco dal cinema mi illudo di trovare la fatina, il grillo parlante e Pinocchio!”

N. “Se ti fai un cannone riesci anche a fare un cento ostacoli con il Gatto e la Volpe!”

C. “Nucleo, spaccati la faccia contro un muro e mandati da solo a fare in culo!”

N. “Non mancherò!”

E. “Vi ringrazio, ragazzi! Come al solito, ogni volta che vi chiedo una cosa, finisce che voi litigate e non mi aiutate!”

N. “Ma come fai-brizio! Ci conosci da una cifra di tempo e non hai ancora capito che questo è il nostro modo di parlare!”

E. “Il fatto è che vi preferisco quando vi divertite.”

C. “Ma noi ci divertiamo, soprattutto a prenderci per il culo tra di noi, ci fa troppo strippare come due casellanti miopi!”

E. “Va bene! Allora, *Pinocchio* lo vado a vedere sì o no?”

C. “Basta che stai con i tuoi, il resto va bene tutto!”

N. “Ikkia, Capsula, non hai un cuore, hai un Trudy!”

C. “Io sono la poesia!”

N. “No, tu sei un gaggio!”

C. “Così ti riconosco, Nucleo!”

E. “Piuttosto, voi! Accantoniamo per un attimo le smancerie e torniamo al fatto che siete seduti dove non potreste!”

C. “Ma che pressa che sei, Ettore!”

N. “Sei veramente un asciugone!”

E. “Faccio il mio lavoro.”

C. “In che cosa consiste? Nel fare l’orlo alle palle della gente?”

E. “No, miei cari, consiste nel permettere a tutti di usufruire in maniera totale e corretta di uno spazio comune.”

N. “Cosa ti sei mangiato a pranzo, come primo un dizionario e per secondo dei sinonimi con contorno di punteggiatura?”

E. “Su, ragazzi, non fatemi perdere altro tempo e alzatevi. Poi, per piacere, vogliamo abbassare quello stereo che non ho voglia di sorbirmi quel frastuono?”

N. “Senti, Ettore, se tu sei rimasto ai New Trolls la colpa non è nostra. Quello che tu chiami frastuono è hip-hop.”

E. "E che roba è 'sto pi-pop!"

C. "Hip-pop!"

E. "È uguale!"

N. "Non è uguale! Comunque, prendi una cassa, un piatto, un microfono e aggiungici la voglia di dire liberamente quello che pensi senza dimenticarti di fare i numeri veramente malati con il mixer. Questo è l'hip-pop!"

E. "A me non piace questa musica. Io voglio la melodia e le mie orecchie devono riposarsi."

C. "Magari ascoltando frasi del tipo: 'Ho visto le stelle nei tuoi occhi e il mare che ondeggia mi ricorda il tuo corpo sul mio, mentre fuori pioveva'!"

E. "Che male c'è a essere romantici?"

N. "Qui non si tratta di essere romantici, qui parliamo di banalità! Già che ci sei metti anche in copertina una donna seminuda e sei pronto per acquistare un cd di Fausto Papetti!"

E. "Pensate un po' quello che vi pare, ma io continuo a ritenere che l'amore debba essere tenerezza e coccole insieme a dialogo e comprensione!"

N. "A me basta chiavare!"

C. "Sei veramente più primitivo dei Flintstones, Nucleo!"

E. "Io vado, ragazzi! Mi raccomando, via da lì e la musica più bassa!"

N. "Bella zio!"

C. "Ciao, Ettore!"

N. "Adesso che si fa, figlio dei fogli sparsi?"

C. "Andiamo da me e ci spacchiamo a Fifa 2000!"

N. “Sei il mio guru, fratello. Prima però passiamo da Mac e ci scassiamo un paio di Big Mac con patatine prepotenti, maionna a palate e chinotto a fiumi! Ta piasa?”

C. “Ikkia, se ma piasa!”

N. “Allora piglia il casco che ce ne andiamo.”

C. “Nucleo, il casco non ce l'ho.”

N. “Perché?”

C. “Non avevo vasi per piantare la maria, allora ho usato il casco!”

N. “Ma sei troppo un rimastone! E adesso?”

C. “Andiamo dal parrucchiere sotto casa mia, tu lo distrai e io gli prendo in prestito il casco che usano le sciure per asciugarsi i capelli.”

N. “Ma sei fuori? È troppo grosso!”

C. “Allora lo chiedo in prestito a Ettore!”

N. “Ma mica ha la moto!”

C. “Lui no, ma magari qualche suo collega sì!”

N. “Bella stuoia! Eccolo lì!”

C. “Ettore, scusa, non è che hai un casco da prestarmi che il mio l'ho dimenticato a casa?”

E. “Ti posso prestare quello di mio figlio.”

C. “Mi ci vorrebbero tre teste.”

E. “Senti, già ti faccio un favore, in più ti metti anche a sfottere!”

C. “Ti chiedo schiuma, quello di tuo figlio va benissimo, grazie.”

E. “Mi raccomando, non rovinarlo!”

C. “Vai tranzollo come l'olio extravergine sulla bresaola.”

20.

C. "Ikkia, Nucleo, se mia madre mi sgama qui da Mac con le sue timide manine mi apre la faccia in tre punti."

N. "Perché?"

C. "Perché non vuole assolutamente che io mangi questa roba. Per lei, amante della cucina sana e tradizionale, è come darle un colpo al cuore!"

N. "Ikkia, però, come fa brutto per due panini. A me poi la roba di Mac mi fa strippare come un daino che si compra un paio di Timberland nonostante guadagni poco in busta paga... dai, i panini sono troppo buoni!"

C. "C'hai troppo ragggione! Anzi, già che ci siamo, io mi spacco un Big Mac!"

N. "Ma sei un cistone!"

C. "Perché?"

N. "Nel Big c'è il cetriolo; lo mangi adesso e lo digerisci la prima volta che ti verrà riconosciuta la pensione di anzianità!"

C. "Esagerato!"

N. "Bello, guarda che i cetrioli di Mac la mattina arrivano sul lavoro in motorino e, se tu non ti fai valere, tentano da subito di prendere il sopravvento!"

C. "Senti, figlio delle falde del Kilimangiaro, io ho una fame che mi crepa la faccia, per cui mi spacco un Big con carne che muggisce, cetriolo che svolazza e maionna a badilate!"

N. "E da bere?"

C. "Colate di Coca con ghiaccio paura! E tu, bavoso, come te la ragioni a livello di cibanza?"

N. "Ti devi levare, ti stai levando..."

C. "Quasi quasi mi levo!"

N. "Io mi spacco polletti da sei con secchiate di ketchup stile *Profondo rosso* e aranciata a fiumi che rompono gli argini!"

C. "Sei banale come Ridge che ci prova con Brooke!"

N. "Pezzo di cipresso, anche tu la vedi quella vaccata di *Beautiful*?"

C. "Non me ne parlare, figlio delle soap opera! Ogni giorno a pranzo mia madre si schiaffa davanti alla televisione e il mondo si ferma! Si dimentica di tutto! Sai quante volte ho dovuto salvare la vita alla bistecca che mi stava morendo abbrustolita? Sai a chi tocca ogni volta andare dagli spaghetti a mettergli la crema solare per non farli scottare? Vogliamo poi chiederci chi è che tranquillizza i piatti sporchi quando si incazzano e tentano di andarsene senza salutare?

N. "Tutto 'sto sbattimento per quel mascellone di Ridge! Che poi, dai, non ha una bocca, ha una rimessa per i tram!"

C. “Se ci fai caso, in bocca ha un bastone e sotto ci sono i tipi che passano a fare il limbo!”

N. “Intanto lui si fa un sacco di tipe, mentre noi siamo qui a mangiare gli hamburger da soli come Ralph e Potsie in *Happy Days*!”

C. “Portatore sano di ignoranza, guarda che lì è tutto finto!”

N. “Te cosa ne sai?”

C. “Vedi che ti hanno montato il cervello a occhi chiusi? Ma, secondo te, può essere vero vivere con dei tipi che non si spettinano neanche quando dormono e che non si levano la cravatta neanche quando si fanno la barba? E poi, scusa, sarà mai possibile che non c'è neanche una tipa brutta? Vuoi dire che i cessi li dobbiamo conoscere solo noi?”

N. “Secondo me invece è vero!”

C. “Allora, ustione, fai così: la prima volta che ti capita di dormire con una tipa, la mattina quando ti svegli prova a baciarla come fanno nelle soap e vedrai se lei non ti dà una testata in faccia!”

N. “Perché?”

C. “Bello, appena sveglio tu in bocca minimo hai una felpa sporca di torrone nocciolato alle mandorle. O lei si mette immediatamente la maschera antigas, oppure sarà costretta a salutare velocemente la vita!”

N. “Allora, gaggio, mi vuoi dire che tutto quello che si vede in televisione è finto?”

C. “Non tutto! Ci sono anche delle cose vere.”

N. “Tipo?”

C. “Vediamo… i nei di Bruno Vespa, per esempio!”

N. "Ma non raccontare palle!"

C. "Nucleo, non hai sentito al telegiornale della polemica di Vespa con la Rai?"

N. "Zero."

C. "Lui ha minacciato di andarsene se la rete non gli garantiva in trasmissione almeno due poltrone dove far riposare i suoi nei durante le pause pubblicitarie!"

N. "E com'è andata a finire la storia?"

C. "Che ha ottenuto quello che voleva, ma nel frattempo il canone Rai è aumentato di brutto."

N. "E perché?"

C. "Hai idea di quanto devono essere grosse le poltrone per far sedere i suoi nei? E poi le ha pretese in pelle, il tipo."

N. "Uno di questi giorni vado da Vespa, lo prendo per i capelli..."

C. "Quali?"

N. "Lo prendo per le basette..."

C. "Quali?"

N. "Va be', lo sollevo di peso e gli faccio fare *Da porta a porta*!"

C. "Adesso ti sei convinto?"

N. "Scusami, Capsula, ma ancora non ci riesco, Fammi un altro esempio."

C. "*Il processo del lunedì!* La trasmissione condotta dall'unico uomo a cui neanche la tortura è riuscita a insegnare l'italiano."

N. "Però almeno si parla di calcio!"

C. "Semmai si urla, con Mosca che usa le pubblicità per scendere in cortile e farsi leccare i capelli da una mucca fatta arrivare apposta dalle Alpi e pagata naturalmente dalla produzione, e Biscardi che ogni tanto telefona a Rino Gattuso per chiedergli se il condizionale è una pena o un tempo verbale. Più di così non mi puoi chiedere!"

N. "C'hai troppo ragione, fratello! I migliori siamo noi che ci consumiamo di *South Park* e dei *Simpson.*"

C. "Bella stuoia!"

N. "Bollore, adesso mangia il tuo hamburger che ti si fredda!"

C. "Figlio delle mutazioni genetiche, preoccupati dei tuoi polletti che stanno per resuscitare!"

21.

Loro hanno fame e mi vanno a mangiare da Mac! Che tristezza!

Ma dove sono finiti i piaceri della tavola? Una buona bottiglia di vino gustata in un bel calice, accompagnata magari da un antipasto a base di affettati misti e, a seguire, un primo sfizioso, un secondo, un terzo, magari un quarto... e poi dolce, caffè e ammazzacaffè!

Questo, chiaramente, non si può pensare di farlo tutti i giorni, anche perché poi ci vorrebbe una carrucola per alzarsi da tavola ma, di certo, trovo che il momento del pranzo e della cena, qualunque sia la portata, rimanga sacrosanto. È l'unico ritaglio di tempo in cui una famiglia può chiacchierare un po' di tutto e, soprattutto, è il modo più gradevole (o quasi! Capito?!) per incontrarsi.

Che soddisfazione ti dà una serata a tavola con gli amici o una cena con la tua dama! Forse io sono rimasto troppo legato alla tradizione, ma non è che mi dispiaccia più di tanto.

E invece i ragazzi a tavola fremono e, terminato di

mangiare, si alzano per andare sul divano, oppure davanti alla PlayStation o, più semplicemente, per uscire. Vorrei proprio sapere cosa ne pensano gli altri genitori!

Non posso poi neanche incazzarmi più di tanto con mio figlio perché mi sentirei rispondere che sono rimasto indietro e questo mi farebbe sentire non all'altezza, poco capace di adeguarmi ai tempi che cambiano. Ma chi sceglie la velocità da tenere, signori miei?

Devo restare calmo e, soprattutto, non posso pensare di non ascoltare quello che mio figlio ha da dirmi: però perché lui invece non mi ascolta o lo fa solo quando gli fa comodo? Siamo banali noi adulti, vero? Ripetiamo sempre le stesse cose! Quasi mi do fastidio da solo!! Sarà meglio che mi rimetta a lavorare, altrimenti oggi la mia testa non mi darà pace.

...dlin dlon... Si avvisano i signori passeggeri che, da nuovo regolamento, è severamente vietato sostare davanti alle porte mentre il treno è in partenza.

C. "Però, che tela che sono i tipi della metropolitana, cambiano regolamento ogni dieci giorni!"

N. "Non ho capito."

C. "Non hai sentito l'annuncio?"

N. "Quale annuncio?"

C. "Ma cos'hai nelle orecchie, la malta? Le pulisci ogni diecimila chilometri?"

N. "Pezzo di arbusto, non mi devi stressare. Non ho sentito l'annuncio perché ero concentrato a leggere il nuovo regolamento della metropolitana. Hai notato che cambia ogni dieci giorni?"

C. "Nucleo, hai un documento?"

N. "Perché?"

C. "Voglio convincermi che esisti! Ti stavo parlando due secondi fa di questo."

N. "Ti chiedo schiuma. Senti, però, cosa scrivono gli svarionati: 'ARRIVATI ALLA VOSTRA FERMATA, PRIMA DI SCENDERE, ASPETTARE L'APERTURA DELLE PORTE'."

N. "Ci pensi che sbattimento aspettare il conducente che deve scendere, trovare la chiave della porta del tuo vagone e poi aprirlo. Ci mette una cifra di tempo!"

C. "Ma non c'è un tasto per spegnerti o metterti in pausa?"

N. "E poi, scusa un attimo, bollito, perdono tempo a scrivere come scendere dal treno, come stare sulle scale mobili e altre cose inutili come se la gente non lo sapesse."

C. "Parente stretto del non sapere, ti ricordo che te sei l'unico che se in autostrada vede scritto 'GUIDARE SULLA DESTRA' si mette in braccio al passeggero e lascia il posto del guidatore libero!"

N. "Perché, Sapientino Scuola, come devo fare?"

C. "Devi guidare sulla corsia di destra!"

N. "Gavurrone, te di macchine non devi proprio parlare!"

C. "Perché?"

N. "Perché riesci a scalare a centotrenta chilometri orari dalla quinta in seconda."

C. "E allora?"

N. "Come allora! L'ultima volta che l'hai fatto la macchina si è puntata come un cavallo e tua madre, da dietro, con la testa ha cambiato lato alla cassetta."

C. "Perché ho preso la patente da pochi giorni. E poi parli tu che l'hai presa una settimana prima di me!"

N. "Ma io sapevo già guidare!"

C. "Allora perché ogni volta che prendi la macchina si spostano anche le strisce pedonali? Te lo dico io perché! Tu sei un pericolo al volante. E poi sei, nel modo di tenere la macchina, il più tamarro di tutti."

N. "Ma sei solo un abbaione, non è vero!"

C. " Ma se hai le tendine di Nino D'Angelo con le lacrime vere!"

N. "Se non conosci l'arte non chiacchierartela, testa di faggio!"

C. "Passino le tendine, ma del vasetto con i calcoli attaccato allo specchietto retrovisore cosa mi dici?"

N. "È il ricordo di un momento delicato della mia vita."

C. "Giusto. Allora se uno si opera di ernia la deve tenere, si sa mai che possa tornare utile! Ma perché non te ne vai a rubare!?!"

N. "E perché te non la smetti di farti i cazzi miei?"

C. "Perché sono un tuo amico. Con me tu svolti!"

N. "Sì, dal vialone del panico a QUELLO DELLA DISPERAZIONE!"

22.

...dlin dlon... È in arrivo il treno in direzione...

N. "Bella Ettore, come te la passi?"

E. "Sto bene, grazie, e voi?"

N. "Butta bene di brutto. Io e Capsula stiamo organizzando le vacanze e siamo troppo in bellura!"

E. "Splendida notizia! E dove pensate di andare?"

N. "Ci piacerebbe andare in Messico, ma non ce la facciamo con la munna!"

E. "Ma non dovevate andare a Riccione come tutti gli anni?"

N. "No, zero, nada, nein! Quest'anno si cambia di bella. Speriamo di farcela con i soldi. Al massimo ci cerchiamo un part-time. Sto aspettando Capsula che è andato in agenzia di viaggio per informarsi su tutte le sbatte. Appena torna, veniamo a raccontarti tutto."

E. "Mi raccomando, fatemi sapere."

Capsula è appena uscito dall'agenzia con il morale a terra e la terra più a terra del morale... Chi è più a terra? Mah! Riflessioni dal nulla!! Per il Messico ci vogliono almeno duemila euro a testa e loro non li hanno, anzi sono sdraiati come un geco sul prato.

N. “Allora, superciglia, tutti in Messico a fare macello! Ikkia, mi sono anche fatto prestare il sombrero dai tipi che fanno la pubblicità dell’Estathè. È stata una sbatta paura perché, in cambio, gli ho dovuto prestare tua sorella.”

C. “Ma sei fuori! E se le succede qualcosa?”

N. “Ma a te non ti stava appoggiata sui testicoli?”

C. “È vero! Grazie, Nucleo, sei un amico.”

N. “Ma scherzi, brother, per te questo e altro. Allora sparami a raffica le news paura sul Messico. Quando si parte?”

C. “Nucleo, me la meno come un luccio monocolore che vuole cambiare aspetto, ma te lo devo troppo dire!”

N. “Cosa?”

C. “Niente Messico perché ci vogliono quattro pali in due per andarci!”

N. “Nooooooo!!!! Mi stai dando una pugnalata fortissima nel malleolo con ’sta notizia!”

C. “Ti chiedo schiuma, ma le cose stanno così! Mi spiace una cifra!”

N. “A chi lo dici! Non saprei proprio dove sbattere la testa.”

C. “Lascia stare la tua testa, che già non si ricorda dove è posizionata! Se la sbatti, poi, perde totalmente il senso dell’orientamento!”

N. “Gaggissimo, mi lasci perdere per un momento!”

Attimi di sconforto vero, un sogno che si sta sgretolando, dei colori che spariscono!!!

...dlin dlon... Capsula e Nucleo sono attesi nella postazione di servizio.

N. "Questo è Ettore che vorrà sapere perché gli ho raccontato dei nostri progetti per le vacanze."

C. "Magari lui ci dà un consiglio!"

Pochi passi...

E. "Mamma che facce, ragazzi. Che succede?"

C. "Bella Ettore! Siamo veramente afflitti come due rapinatori onesti perché volevamo andare in Messico, ma ci vogliono troppi soldi."

E. "Quanti esattamente?"

N. "Quattro pali."

E. "Che sarebbero?"

C. "Quattro milioni (per gli stonati, duemila euro!)"

E. "Non sono proprio pochi, però; Nucleo prima mi diceva che potreste cercarvi un lavoretto per racimolare qualcosa e poi, magari, il resto ve lo fate dare dai vostri genitori."

C. "Bella stuoia! Non ci avevo pensato."

N. "Io i soldi ai miei non li posso proprio chiedere."

E. "Perché?"

N. "Devo finire l'ultimo anno di superiori prima."

C. "Allora in Messico ci andiamo quando l'Inter vincerà lo scudetto."

E. "Cioè?"

C. "Nel 2020! Per quel periodo Facchetti, Boninsegna e Suarez saranno stati clonati e si potrà rivivere il ciclo della grande Inter."

N. "Piuttosto, sbattiamoci per trovare un lavoro."

E. "Questa mi sembra un'ottima idea!"

C. "Tipo?"

N. "Andiamo a fare volantinaggio!"

C. “Così mi faccio scorta di filtrini e sotto con i sifoni a più non posso. Ci vuole altro!”

E. “Direi... Vi ho detto mille volte che non approvo certe cose.”

N. “E chi ti dice che anche tuo figlio non si faccia le canne?”

E. “Non è sicuramente così, ci posso mettere le mani sul fuoco.”

N. “Se una notte però lo trovi con la faccia nel frigo mentre mastica insieme un pezzo di zola e della Nutella fammi sapere.”

E. “Mi spiace, ma non vi seguo.”

N. “Meglio così!”

C. “Figli della protesta inutile in una piazza gremita, torniamo a noi e al lavoro. Proposte?”

N. “Andiamo a lavorare nei centri informazione telefonici.”

E. “Sapete usare il computer?”

N. “Certo.”

C. “Ma sei una chiacchiera con lo zucchero. Tu per accendere il computer cerchi la pedivella!”

N. “Ma cosa dici, pezzo di microchip!”

C. “Ma se qualche giorno fa ti ho beccato che tentavi di salvare un file con canotto e braccioli!”

N “Se tu le cose non me le spieghi!”

C “E del fatto che ogni volta che ci connettiamo per navigare ti prendi un Travelgum ne vogliamo parlare?”

N. “Va bene, parliamone. Però diciamo anche che per salvare con nome tu continui a ripetere il tuo nome al computer. Non meravigliarti se tra qualche tempo gli altoparlanti ti abbandoneranno senza neanche pagare la loro parte di affitto!"

C. "Allora dammi delle alternative invece di fare il permaloso."

E. "La vogliamo finire di litigare! Cerchiamo di trovare una soluzione con calma!"

C. e N. "Ok!"

E. "E se veniste a lavorare qui con me in metropolitana da quando chiudono le scuole fino ai primi di agosto quando dovrete partire?"

N. "A fare cosa?"

E. "Avete capito! Voi mi aiutate a tenere pulita la metropolitana e mi controllate che nessuno infranga le regole. Mi sembra una buona proposta e inoltre è un posto di grande responsabilità! Che ne pensate?"

C. "E secondo te i tuoi capi ci assumono nonostante siamo così giovani e inesperti? A chi la vai a raccontare, zio Ettore?!?"

E. "Forse ti dimentichi che faccio questo lavoro da una vita, per cui si fidano di me e delle persone che porto io."

N. "Parliamo, però, di orari?"

E. "Fino alla fine della scuola potete o non venire o venire il pomeriggio, mentre dalla chiusura dell'anno scolastico sino alla data della vostra partenza farete dalla mattina fino alla sera. Secondo me potreste racimolare un bel gruzzoletto!"

C. "Tipo?"

E. "Diciamo un tre quarti della somma che vi serve."

N. "Quindi un milione (mille euro per gli stonati!)"

C. "Figlio dell'algebra malata, tu e la matematica avete sempre percorso strade in controsenso. Un milione è la metà, mentre tre quarti sono un milione e mezzo di lire!"

E. "Voglio esagerare! Colazione e giornale gratis!"

N. "Anche i pornazzi?"

C. "Ti cancelli da solo da qui e ti ridisegni dentro un cestino per la raccolta differenziata?"

E. "Allora, cosa mi dite?"

C. "Io avrei un'ultima richiesta da fare."

E. "Non vi sembra di esagerare?"

C. "Potresti parlare con la sciura Agnese?"

E. "E chi è?"

N. "La signora che gestisce i bagni pubblici."

E. "E cosa dovrei dirle?"

C. "Di abbassare i prezzi. Fa pagare la carta igienica tre euro al pezzo. Ogni cagata mi costa dai trenta ai quaranta euro. Non posso far fuori lo stipendio dei miei per i miei problemi di intestino."

E. "Va bene, ci penso io."

N. "Ettore, forse non te lo abbiamo mai detto."

E "Cosa?"

C. e N. "Grazie di cuore per tutto!"

23.

Milano,19 gennaio 2006

Ciao, ragazzi!

Come ve la passate? Ieri ho sentito per telefono Giulio Sansone, il vostro principale, che mi ha detto che state diventando sempre più bravi e che i vostri colleghi vi apprezzano molto per la simpatia e la professionalità sul lavoro, nonostante la giovane età. Mi complimento, anzi la verità è che sono orgoglioso di voi.

Non so per quale strano motivo, ma dal primo giorno che avete cominciato a ronzarmi intorno sapevo che avrei finito col volervi bene. Strano, vero! Non facevate altro che farmi incazzare e correre da una parte all'altra per levarvi dai guai, eppure mi avete conquistato il cuore.

All'inizio, quando vi ho proposto di affiancarmi giù in metropolitana, avevo un po' paura perché non sapevo se ne valesse la pena ma ora, dopo aver lavorato insieme a voi per tre anni, ho capito di aver fatto la cosa giusta.

Due ottimi lavoratori che amano e rispettano la metropolitana e chi ci lavora, forse perché ci avete passato gran parte della vostra vita.

Capsula, volevo complimentarmi con te perché ho saputo che vuoi iscriverti a una scuola di teatro e fare l'attore come hai sempre sognato. Il primo passo l'hai fatto e ora devi solo buttarti a capofitto in questa tua passione e dare tutto te stesso; sono sicuro che ce la farai.

E tu, Nucleo, alla fine hai finito le superiori, grande! Progetti per il futuro? Se non sbaglio volevi fare il medico! In bocca al lupo.

Ogni tanto mi tornano in mente le immagini della nostra vacanza qui insieme in Messico e sorrido per la gioia.

Quante risate e che posti magnifici! Ci sono venuto per una vacanza e ci sono rimasto, mentre voi avete preso il mio posto. Chi l'avrebbe mai detto!

Vivo qui con la mia famiglia ormai da un anno. Sto in una casetta attaccata al mare che mi sono comperato con i soldi della liquidazione e non mi manca nulla. Ogni tanto guido lo scuolabus per aiutare l'associazione del posto, mentre mia moglie Piera si è messa a insegnare liscio: è sempre bella come quando l'ho conosciuta all'Apollo. Sandro (non Ottone, teste di cazzo!) si è fidanzato con Marta, una ragazza messicana che studia archeologia e passa tutto il tempo a visitare i siti maya... e pensare che voleva fare l'astronauta!

Tutte le sere verso le sei, quando Piera finisce i suoi corsi, andiamo in riva al mare a passeggiare e proprio ieri sera, sul bagnasciuga, mentre vi pensavo, ho trovato un biglietto della metropolitana! Cosa ci faceva lì?

Non azzardatevi a trasferirvi qui!!!!

DIZIONARIO DELLA KUMPA

Italiano-Ci stai dentro / Ci stai dentro-italiano

Questo minidizionario si propone di venire incontro a un'esigenza particolarmente sentita nella vita sociale, quella di un'informazione linguistica che permetta la rapida e agevole comunicazione tra genitori e figli senza equivoci e fraintendimenti... bella kumpa!

ABBAIONE: *vedi* chiacchierone.

ACCANELA (O STREET SOCCER): calcio a 5 praticato su cemento tra le 02.00 e le 03.00 di notte. Prima e dopo... gighelli!

AMMA: evoluzione all'ennesima potenza di mamma.

ANTICO: anzianotto.

ASCIUGARE: comportamento tipico di Tony Cuscino ("Hai una cartina? Filtri? Accendini? Sizze? Lotti? Fazzolli?... Cose?").

ASCIUGONE: Tony Cuscino.

BASETTONE: personaggio abbigliato in stile anni settanta.

BAVOSO: personaggio viscido... bavoso!

BAZZA: frottola, palla.

BOLLITO: alle cozze quasi marinate.

BOLLORE: Nucleo!

BOTTA: aspettatela dopo il prossimo cilum!

BREAKER: ballerino di break-beat (evoluzione della storica break-dance).

CANOTTO: ragazza decisamente... gonfia!

CARCIOFO: tromba costruita sapientemente a immagine e somiglianza dell'omonimo ortaggio.

CATENACCIO: ragazza non particolarmente affascinante, in genere a seguito del pasticcino.

CHIACCHIERONE: personaggio incline alla logorrea (diarrea di parole). Per esempio, "Io di più, ma comunque meglio... Io una volta, ma molto prima di te!".

CINGHIALE: *vedi* zamurro.

COMODINO: ragazza non particolarmente slanciata.

COTTO: bollito andato!

CRASTO: variazione del crastone, con un po' meno carisma.

CRASTONE: figura antitetica al gaggio, dotato di notevole carisma.

FARLOCCO: finto.

FATINA: sinonimo di tipa dolce, fiabesca.

FAZZOLLI: fazzoletti di carta.

FERRO: pistola.

FEZZA: si usa per indicare un coltello.

FLASH: stupore nel rivedere una persona rimossa dalla memoria.

GAGGIO: identifica una persona non particolarmente sveglia. Per esempio, "Sei un gaggio!".

GONFIO: saturo.

GOONIE: altro sinonimo per definire il "kumpa".

GREZZA: si dice di una frase fuori luogo o di una brutta figura.

IMBRACCHIO: impasto, mistura.

IMBUSTATO: raccomandato o entrato di straforo in un luogo.

INFOSTRADA: sinonimo di infossato, viene usato per non far intendere di essere senza soldi.

KAPPATO: non particolarmente abile nei lavori manuali.

KUMPA: membro appartenente alla kumpa.

KUMPALIBRE: definisce il kumpa molto impegnato nel movimento.

MASSELLO: usato per definire un ottimo musicista. Per esempio, "Ikkia, Eminem è troppo massello!".

MISSILE: dicesi dell'ultimo tiro di canna.

MISTAZZA: joint con due diverse farciture.

MOFFO: hashish.

MUVIDA: termine usato spesso per indicare una situazione intrigante. Per esempio, "Al pub Il granchio sminchiato c'è una bella muvida!".

OH!: appellativo generico da usare ogni qualvolta ci si rivolge a un'altra persona.

PASTICCINO: sinonimo di tipa appetitosa che non riuscirai mai a farti... quindi... *vedi* catenaccio!

PASTURO: strategia di avvinghiamento alla tipa, che prevede degli standard. Per esempio, "Mani ovunque e raffiche di lingua brevi e mirate".

PESO: spesso usato per commentare una notizia non proprio felice.

RAGNATELA: sbattimento di livelli mega.

RAGNO: motivo scatenante lo sbattimento.

RIMASTONE: persona che ha preso le distanze dalla realtà a causa di un viaggio di troppo.

SBALLO: effetto prodotto dalle droghe sintetiche.

SBATTIMENTO: sbattimento spiegarvelo!

SCAVALLARE: rubare, portare via.

SCENA: commento a un racconto molto appassionante.

SCENOSO: molto appariscente nello stile.

SCIALLO: divertente.

SCRECCIONE: nomignolo usato per prendere in giro i balbuzienti.

SDRAIATO: squattrinato, in totale assenza di soldi.

SFIAMMARE: smaltire una serata un po' troppo divertente.

STILOSO: raffinato nello stile.

STREET-DANCE: arte di strada.

STRIPPARE: andare fuori di testa, impazzire per un motivo preciso!

TAG: firma.

TAMARRO: (che ve lo dico a fare!) artista di strada.

TELA: sbattimento.

TIGNO: tirchio o braccino, persona restia a spendere denaro.

TRANZOLLO: tranquillo.

TUNZA: musica tipica da discoteca.

VASCA: tratto di strada molto lungo.

WRITER: pittore di strada.

ZAMURRO: *vedi* tamarro.

ZIO: appellativo per il kumpa tuttofare. Per esempio, "Fai su?... Bella zio!".

Modi di dire e frasi fatte

BELLA STUOIA: evoluzione di bella storia (siamo troppo avanti!).

SEI RIMASTO SOTTO: pausa più o meno lunga dalla realtà... comunque più.

STAI MALE: va be'!!!...

STAI MARIO: evoluzione di stai male!

STAI: post-botta.

GONFIONE: saturo a livelli...

ALZO LA DIFESA: speso, vado via.

BELLA: ciao, grazie.

MOLLAMI: non mi asciugare, lasciami perdere.

MI MANDI IN ACIDO: mi alteri la percezione... vai via.

MI MANDI IN BELLURA: con te sto veramente bene.

MI MANDI IN PRESSIONE: mi pressi come il Milan di Sacchi! Sei proprio una Lagostina.

MI MANDI IN QUESTIONE: riesci sempre a crearmi tensione.

MI MANDI IN CARTONE: sei peggio di un peyote! Scompari!

CI STO DENTRO: sì!

NON CI STO DENTRO: no!

FA-BRIZIO: evoluzione di "fa brutto": difficile, pericoloso.

ANTONIO: forma di negazione maschile. Equivale a "no!". Per esempio, "Cartine?" "Antonio...".

ELVIRA: forma di negazione femminile. Sostituisce "Antonio" in presenza di un kumpa omonimo.

FAI SU: costruisci.

FAI SIOUX: evoluzione di fai su!

SONO ALLA FRUTTA: non ce la faccio più!

SONO ALL'ULTIMO QUADRO: è finita anche la frutta!

SE VUOI ANDARE VAI, MA SE VUOI STARE STAI!: le parole le abbiamo buttate a caso: riordinatele voi!

PARLA APPARECCHIATO: fai buon uso della grammatica, quando ti riferisci a me!

TA PIASA: ti piace.

NOCCIOLINE!: spesso usata come segnale di avvertimento. Evoluzione di ocio lì!

SGAMARE: beccare, cogliere sul fatto.

SEI PARTITO IN BATTERIA: ci stai provando decisamente con qualche tipa.

PESANTE: usato come commento, sottolinea il peso di una notizia.

MELINA: temporeggiare.

SMEZZIAMO: facciamo a metà.

STORIA MALATA: questione complicata.

COME PARLI FARCITO: hai una dialettica molto ricca!

SEMBRI UN QUADRO DI PICASSO: il party di ieri ti ha lasciato sul viso qualche traccia dell'omonimo pittore… Fai schifo!

SPACCA: è fantastico! Per esempio, "Il nuovo disco dei Limp Bizkit spacca!".

SPARA: dimmi pure.

SPACCA TUTTO: divertiti!

SEI UNA POMPA IDRAULICA: mi asciughi come nessuno mai! Aiuto!!!

CARBURIAMO: giochiamocela, facciamo bim, bum, bam.

AM-STER-DAM: evoluzione di "bim, bum, bam".

TANTA MERCE: ehi, tipa, sei veramente carenata da paura!

LASCIAMI QUAGLIARE: dammi il tempo di pensare.

Dieci modi per non dire "polizia"

✓ Gabbi
✓ Pulotti
✓ Sbirri
✓ Canazzi
✓ Daini
✓ Ghostbuster
✓ Madama
✓ Sessa
✓ Giubbe
✓ Fondine

Dieci modi per non dire "spinello"

✓ Canna
✓ Tromba
✓ Joint
✓ Gighello
✓ Giobbone
✓ Trunch
✓ Sifone
✓ Missile
✓ Gianna
✓ Pralina

La top ten degli insultakumpa

✓ Ustione
✓ Cistone
✓ Ciglione
✓ Zamurro
✓ Cartonato
✓ Ginetto
✓ Gaggio
✓ Sopracciglio
✓ Testuggine
✓ Storduro

"Devo troppo farti una domanda!"

È sempre difficile dire a un amico che ha l'alito pesante... Prova a sdrammatizzare!

Ikkia, Nucleo:

"Cos'hai mangiato, la CGL?"
"Perché?"
"Hai l'alito in rivolta!"

"Cos'hai mangiato, una Fiat-Panda?"
"Perché?"
"Hai l'alito in cassa integrazione!"

"Cos'hai mangiato, un toast?"
"Perché?"
"Hai l'alito farcito!"

"Cos'hai mangiato, un pitone?"
"Perché?"
"Hai l'alito che avvolge!"

"Cos'hai mangiato, le unghie?"
"Perché?"
"Hai l'alito che graffia!"

"Cos'hai mangiato, un quadro di Picasso?"
"Perché?"
"Hai l'alito cubista!"

"Cos'hai mangiato, una lampada UVA?"
"Perché?"
"Hai l'alito che abbronza!"

"Cos'hai mangiato, del pan grattato?"
"Perché?"
"Hai l'alito che impana!"

"Cos'hai mangiato, un cobra?"
"Perché?"
"Hai l'alito che incanta!"

"Cos'hai mangiato, una spada?"
"Perché?"
"Hai l'alito che squarcia!"

"Cos'hai mangiato, della nebbia?"
"Perché?"
"Hai l'alito che appanna!"

"Cos'hai mangiato, un comodino gregoriano?"
"Perché?"
"Hai l'alito che invecchia!"

"Cos'hai mangiato, un temporale?"
"Perché?"
"Hai l'alito che tuona!"

"Cos'hai mangiato, gli USA?"
"Perché?"
"Hai l'alito che attacca!"

"Cos'hai mangiato, un martello?"
"Perché?"
"Hai l'alito che inchioda!"

"Cos'hai mangiato, un copertone?"
"Perché?"
"Hai l'alito che sgomma!"

"Cos'hai mangiato, dei pantaloni a zampa?"
"Perché?"
"Hai l'alito anni settanta!"

"Cos'hai mangiato, un bloster?"
"Perché?"
"Hai l'alito che incatena!"

"Cos'hai mangiato, l'acquaragia?"
"Perché?"
"Hai l'alito che diluisce."

"Cos'hai mangiato, Gattuso?"
"Perché?"
"Hai l'alito che ringhia!"

"Cos'hai mangiato, Roberto Baggio?"
"Perché?"
"Hai l'alito che dribbla!"

"Cos'hai mangiato, la ceretta?"
"Perché?"
"Hai l'alito che depila!"

"Cos'hai mangiato, un omicidio?"
"Perché?"
"Hai l'alito agghiacciante!"

"Cos'hai mangiato, un sipario?
"Perché?"
"Hai l'alito finale!!!"

GRAMMATIKUMPA

Bella kumpa!

È stato difficile, ma ora siete abili e arruolati e ve la potete viaggiare all'interno del gergo come Valentino Rossi tra le curve di Imola e senza battere ciglio!

Non vi spaventerà più nulla e potrete sostenere un dialogo anche con il più stiloso dei kumpa. Prima di darvi il diploma di "kumpalibre", però, vi rimane l'ultimo test, ovvero la *grammatikumpa*!

Riempite gli spazi tratteggiati con i termini classici dei dialoghi di Capsula e Nucleo.

Bella Capsula!

Bella Nucleo, come —— (1)?

Ci sto dentro una tinca ——— — —— (2)! Tu?

Ci sto dentro un'——— (3) scalza!

Sentimi un attimo, figlio della ——— (4), ho da farti una domanda che ti spacca la ——— (5), te la mette in mano così poi ti lecchi le ——— (6)!

Spara!

Ti trovo in forma strepitosa, corri come una gazzella e sei forte come un leone... ma come fai?

—— (7) come un coguaro!!!

Bella —— (8)! Capsula, te lo devo dire, te lo sto dicendo...

E allora ——— (9)!

Ho beccato Tony ——— (10), che mi ha detto che ti sei lasciato con la tua tipa ——— (11), come mai?

Non ci trovavamo a pelle! Ma piuttosto tu, Nucleo, che spettacolo di motorino c'hai?

Sono troppo ——— (12), sono così ——— (13) che mi sento solo! È l'ultimo modello protopower, feel the flower, make a shower!

Nucleo, se ti regalo una matita mi prometti che ti disegni il ——— (14)?!?

Non mancherò! Senti, pezzo di ——— (15), perché invece di ——— (16), non fai — (17)?

No, non posso, devo andare a giocare a calcio, poi il mister mi —— (18)!

E come fa?

Ikkia, Nucleo, quando fumo con te palleggio con le ——— (19)!!!

Che il signore ti conservi ——— (20)!

Alleluia, ——— (21)!!!

☺ Avete riempito tutti gli spazi? BELLA STUOIA! Ci state troppo dentro un pianeta! Siete dei veri crastoni e vi meritate un posto d'onore nella kumpa... Vi aspettiamo caldi come due panini in piastra!

☹ Non vi è riuscito di riempire tutti gli spazi? Vuol dire che non siete ancora dei kumpa crasti e stilosi... Ma, siccome siamo troppo i figli dell'onestà, le soluzioni le trovate a pagina 151.

Soluzioni

1) *Butta*
2) *Tatuata di lato*
3) *Antilope*
4) *Foschia*
5) *Lingua*
6) *Ferite*
7) *Cago*
8) *Kumpa*
9) *Dimmelo*
10) *Cuscino*
11) *Eczema*
12) *Avanti*
13) *Avanti*
14) *Cervello*
15) *Cistone*
16) *Abbaiare*
17) *Su*
18) *Sgama*
19) *Occhiaie*
20) *Strano*
21) *Alleluia*

Angelo (Capsula) voleva dire grazie a...

Cesare Vodani: quanto mi è servita quella chiacchierata prima di iniziare a scrivere!

Giulio e Mary per la pazienza nonostante tutti gli appuntamenti rimandati.

Ambra e Amed, due facce e due velocità diverse ma una stessa meta!

Cine, quanto respect, quanta peace... e love a vagonate!

Norma, un giorno mi farai venire il "mal d'Africa"!

Antonio... "No, no, nooo!!!"

La Posca, e le nostre passeggiate.

La lettera G!

Ussi e Ale, per la porta di casa mai chiusa!

Ginus Ginetto, per i lacrimotti di Capodanno!

Andre, per avermi detto che "Gli uomini e le donne sono uguali"!

Enzo, Maria e Connie per tutto l'amore che mi regalano! (Robi, non ti arrabbiare!)

Nico, la scoperta di un amico!

Gino e Michele, per l'opportunità!

La Spectre… "QUANTA PAZIENZA CON I COMICI!"

La Fede e le nostre telefonate (tranquillo Giansi!!)

Tutto il Campo, senza di voi nessuno spunto e nessuna ispirazione!

Marco Meloni, per i pranzi mancati… e quelli riusciti… Io sempre crudo e brie!

Il laboratorio Scaldasole, se non ci fosse stato… non voglio neanche pensarci!!

Gianluca per avermi permesso di salire sul palco.

Elissssa, sei tornata dalla Germania finalmente!

La Eleeeeeeeeeeeee!!!! A te per sempre il posto d'onore!

Il mio Michele e la mia Antonietta!!!!!!!!!!!

Angelo, Cleto e Filomena, ci siete anche voi! Vi sento!

Marco (Nucleo) voleva ringraziare:

Gli "storici" del Trava, per avermi introdotto alla musica e A. Barreiro per avermela insegnata.

Gli Invitro, i September Child e i Six La Neve (un giorno sentirete parlare di loro!).

La Fantakumpa perché mi sopporta.

La mia famiglia per la vita.

I D'Amico per la figlia.

I mitici di Scalda e tutti coloro che intendono la vita in Reggae Stile!

E poi: Francuzzo "padre", Fabio "Mendoza", Massimo "Mister Dentico", Silvietta "precisa", Pamela "la zia".

Ma il libro lo dedico al mio "Socio", per avermi fatto conoscere le meraviglie del palcoscenico. Grazie!

I Pali e Dispari ringraziano:

Tutta la kumpa del Travaglia, gli Opposticoncordi, i Comedians, la Spectre, gli amici di Zelig, Radio Deejay, Frank e la sua Notoria, Fabrizio "the crow" Testini, Paolo "scapigliato" Migone, Alberto "stonato" ???, gli amici di Mamasound, Neffa, lo Union Club, e tutti quelli che si incazzeranno per non essere stati ringraziati!

P.S. Se avete voglia di "abbaiarvela" insieme a noi, ci trovate all'indirizzo mail www.paliedispari.it.

Vi stiamo aspettando kumpa!!

Stampa Grafica Sipiel
Milano, luglio 2003